中学生必读的 **5** 位中国大诗人

诗圣

是怎样炼成的

黄玉峰说杜甫

黄玉峰 ⊙ 著

复旦大学 出版社

序

商友敬

在中国历史上，有三个人在我心中的地位不会动摇，那就是孔子、司马迁和杜甫。

孔子不是"圣人"，当然更不是"反动的复辟狂"。他是个失败的政治家、杰出的思想家和伟大的教育家。诚如李零教授所说，他是一个"丧家狗"，这是指他政治上的遭遇。而我们教师却不能不崇敬他，因为他是"万世师表"。

孔子自嘲为"丧家犬"，司马迁也自嘲为"牛马走"——他们都是栖栖惶惶、忍辱前行、为理想献身的仁人志士。但是，司马迁终于完成了"究天人之际，通古今之变，成一家之言"的伟大著作——《史记》，鲁迅说得好，这是"史家之绝唱，无韵之离骚"。

杜甫呢？也可以用他自己的诗句来说："飘飘何所似？天地一沙鸥。""丧家狗"、"牛马走"都在地面上栖栖惶惶而行，他是飞翔在诗的天空之中，他是"天地一沙鸥"，我觉得这个形象对杜甫来说很确切。尽管有人说他是"现实主义的诗人"，我却以为在现实之上，还有他的诗意的天空。

三十年前，一场噩梦结束时，我领到了"前半世的抚恤金"，走了好几个地方。一是登泰山、访孔林，那时孔林是荒凉的，孔庙是破败的，时代应该在那里留下伤痛，因为孔子是寂寞的，今天他在孔庙里披上华衮，受万人膜拜那是演戏。二是到陕西龙门为太史公扫墓，在黄河之滨的山冈上，一个人也没有，我能直接向墓主人倾诉我的仰慕之心，多么难得啊。最近我又去了一次，还是游人很少。好，不要让世俗的诔词亵渎了太史公。第三当然是到成都瞻仰杜甫草堂。多大的一座公园啊，游人如织，杜甫的影子不知在哪里。门廊上有许多对联，最不堪入目的是郭沫若写的"世上疮痍，诗中圣哲；民间疾苦，笔底波澜"。在文字上要耍小聪敏，背后再捅杜甫一刀，真是恶心！也有写得极好的，是四川老学者谢无量先生集杜甫的两句诗："侧身天地更怀古，独立苍茫自咏诗。"——这才是真正的杜甫。在偌大的草堂公园里，看到这两句也就够意思了。以后，我又去了河南巩县，在一所乡村小学的围墙后面，看了杜甫的墓，是他们后代从湖南迁葬过来的，一个山土丘而已。轻轻地走过去，三鞠躬而退。

闲来无事，《论语》可以咀嚼咀嚼，《史记》可以诵读诵读，杜诗更可以吟咏吟咏，有了他们，心里有底，眼中有物，笔下有力，不会空虚，不会无聊。

每个人都有理由可以向人倾诉自己心中的历史人物，对历史的现实的问题发表自己的看法，包括杜甫以及其他一切人。好友黄玉峰赞同《新唐书》、《旧唐书》中对杜甫所作的"性偏躁"的评价，还加以发挥，既讲杜甫的苦难以及同情人民的苦难，又讲他性格上的弱点是个人不断遭到挫折的重要原因；对杜甫性格形成的原因，对房琯事件、对杜甫与严武的关系，他都发表了与众不同的观点；特别是他还揭示了在杜甫作品中所反映出来

的为"国"与为"家"、"救国"与"爱民"的无法解决的矛盾；批评了郭沫若《杜甫与李白》用阶级与阶级斗争的观点滥套杜甫的荒谬论述。我以为尤其可贵。他对杜甫与李白、苏轼进行的比较，更是发人深思，十分有意思。

玉峰为人耿直率真，勤奋好学而且喜欢独立思考。他是个敢想敢说的人。他曾被教育界称为"语文教育的叛徒"。因为四十年在教学第一线，对于语文教学，他发表过很多有价值的观点。

他对历史和现实的人物，也都有自己独立的看法，不肯人云亦云。比如我曾听他说起自己近年来对鲁迅的思考，便很有些不同于众。虽然我并不完全赞同他的看法，甚至完全不能赞同他的某些观点。但是，我完全相信他的真诚和善意，正如我相信自己一般。他要我写一篇序，这算一篇什么"序"呢？不过这确实是我的心里话，是真话。那就权充一篇"序"吧。

contents 目录

1

杜甫的一生

诗圣是怎样炼成的

　　杜甫的诗歌在中国诗歌史上的地位是无可怀疑的，杜甫的诗歌写出底层百姓的苦难，说出了苦难百姓的心声。在人们的心目中，杜甫是一个具有伟大人格的诗人。

　　然而，据史书的记载，杜甫却是个偏躁、狭隘、不自检、无器度又好说大话的人。

　　这种说法到底有没有根据呢？

　　诗圣到底又是怎样炼成的呢？

　　杜甫，字子美。他与李白两人成为中国诗坛的双子星座。他们的诗篇成为盛唐时期的标志，是所谓"盛唐高唱"。闻一多先生对杜甫有很深入的研究，他称杜甫的诗歌是中华五千年文化中最庄严、最美丽、最永久的一道光彩。

　　杜甫，从诗歌内容到样式，都是集大成者和创新者。宋朝大改革家王安石对人的评价很苛刻。但对杜甫却特别尊敬，他在一首题杜甫画像的诗里面，这样写道：

　　　　推公之心古亦少，愿起公死从之游。

意思是我推测一下您的这颗心灵就是古代也非常少有的。我非常希望您能够起死回生，让我做你的朋友。理学大师朱熹更是个好挑剔的人物，可他对杜甫也作了高度的肯定。

在我们的心目中，杜甫完全是个关怀天下百姓，以解救天下百姓痛苦为己任的诗圣。

但是，有意思的是新旧《唐书》对杜甫的评价却与一般人的印象完全不同：

> 旷放不自检，好论天下事，高而不切，性偏躁，无器度，持恩放恣。

这些话是对杜甫人品、性格的评价。意思是说杜甫的性格无拘无束，而又不肯自我反省、自我检点。他喜欢空谈天下大事，调门很高而不切合实际。他的性格褊狭，浮躁，心胸狭窄，没有气度，他还常常依仗自己对人有恩而放诞无忌。

《新唐书·杜甫传》中转录了杜甫献赋给皇上的内容，这完全是出自杜甫的手笔：

> 先臣恕、预以来，承儒守官十一世，迨审言，以文章显中宗时。臣赖续业，自七岁属辞，且四十年，然衣不盖体，常寄食于人，窃恐转死沟壑，伏惟天子哀怜之。有臣如此，陛下其忍弃之？

为了求取功名，杜甫不但自吹自擂，而且完全显出一副可怜相，而且话也说得并不得体，并不智慧。很明显，这些评价和引用的文字是非常峻刻的，这些文字，与我们心目中的杜甫形象恰好相反。

更有意思的是，1200多年后，郭沫若的《李白与杜甫》一书，从阶级论角度对杜甫进行了激烈的抨击，说他是地主阶级的小丑，是"站在地主阶级的立场、统治阶级的立场，而为地主阶级、统治阶级服务的"。说他同情人民是有保留的。说他反对农民起义，还说他有严重的门阀观，功名心强，同时也说到他性格上的缺点：个性偏执，不易与人相处，搞不好人际关系。

然而，不管别人怎么说，杜甫的诗句脍炙人口，具有无穷的魅力，这是谁都无法否定的。只要我们读一读他的诗句，就不能不被深深地打动：

朱门酒肉臭，路有冻死骨。

露从今夜白，月是故乡明。

好雨知时节，当春乃发生。

烽火连三月，家书抵万金。

飘飘何所似，天地一沙鸥。

安得广厦千万间，大庇天下寒士俱欢颜。

如此伟大的诗句难道真是一个"性偏躁"、"无器度"的人写出来的吗？如此伟大的诗句难道是"好论天下事，高而不切"的大话吗？

如果按《旧唐书》、《新唐书》以及某些人的说法，杜甫确实是一个性格偏躁、气度狭小甚至连同情人民都有保留的人，那么，他又怎么能写出这样伟大的诗篇呢？

如果他真是一个热爱人民、以天下为己任的人，那么为什么不愿意做繁琐细小的工作，为什么不愿到远方的地方去做官，又为什么遇到灾荒便弃官而走？如果它是心胸开阔的人，又为什么不愿忍耐一点小小的委屈，为了一点小事就辞去官职？如果他是一个有骨气的人，为什么向那么多的奸臣军阀小人摇尾乞怜？

人是复杂的，杜甫也是如此。杜甫到底是怎样一个人，我们到底应该如何看待杜甫其人、其诗？如果按照历来的说法把杜甫称为诗圣，那么，诗圣又是怎样炼成的？

我们必须打破"好便一切都好，坏便一切都坏"的僵化的思维模式。

我们不应该苛求古人，但是，我们同样也不应该神化、美化古人。我们应该用自己平常的眼光看人、看事、看历史，我们应该还历史以真实，还历史人物以真实。

幼年烙印

杜甫和李白代表了唐朝上升和下降的两个时代。杜甫出身书香门第，受过正统的儒家文化教育。诗有别才，他遗传了祖父杜审言的诗才，同时也遗传了他的高傲孤僻的性格。

杜甫小时候受两个女人的影响很深。一个是他的姑妈，一个是公孙大娘。前者给了他一颗关怀别人的善良的

心,后者使他懂得要有成就就必须刻苦学习。只有"读书破万卷"才能"下笔如有神"。

杜甫属鼠,李白属牛。杜甫比李白小十一岁,十一年在历史的长河中算不了什么,但他们创作的巅峰期,恰恰横亘着一个安史之乱。安史之乱前,唐朝是走上坡路,而安史之乱后,唐王朝迅速走下坡路。也就是说李白创作的巅峰期,唐朝还是相对稳定、繁荣、开放的,而杜甫最好的诗篇,是在充满了战乱、饥荒、死亡的年代写成的。那时,他饱受人生穷困,阅尽人间丧乱。

只要看一看安史之乱前后唐王朝的人口统计数字,就可推测杜甫是生活在怎样悲惨的社会背景下了。据户部统计:安史之乱前(754 年)全国人口统计是 52 880 488 人,到广德二年(764 年)只有 16 353 655 人。短短十年,人口下降十分之七。

这就是说,如果是一家三口,其中就有两个到三个人死亡!战乱给人们带来的苦难真是难以想象!

而李白与杜甫的创作旺盛期,正是在这期间,他们是唐王朝上坡下坡时的忠实记录者。

李、杜两人因为出生、教养、经历、文化背景的不同,在为人与创作上,都有着相当大的差异。

李白生长在一个商人和罪犯的家庭,和李白相反,杜甫出身于一个世代官宦人家,一个书香门第。杜甫的十三代祖杜预是西晋时有名的大将,平定东吴有功,而且文武双全,还注过《左传》,他的后代几乎每一代都有人出任不同的官职,所以杜甫有理由自称"奉儒守官,未坠素业"(《进雕赋表》),"诗乃吾家事"。

杜甫的母系为唐代士族中的著名高门清河崔氏。以后,杜甫生活中很多次投亲靠友,包括仕途升迁,也与崔家有关。

杜家原籍长安,后来杜预的子孙,从长安迁到湖北襄阳(今襄樊),之后又迁到巩县(今河南巩县),杜甫便出生在巩县。

杜甫的祖父杜审言,高宗咸亨元年(670年)中进士,是一个大诗人,是初唐时期开风气之先的大诗人。他的诗在《全唐诗》里也有一席之地。武则天特别推崇杜审言的诗,杜甫也在人前多次炫耀。据史书记载,杜审言的性格高傲孤僻,也许杜甫遗传了他的个性。

杜甫的父亲杜闲先是兖州司马,后在"奉天(今陕西乾县)"做县令。

所以杜甫小时候的生活比较优越,他一面受过正统的儒家思想的熏陶,希望在仕途上有所作为,以振兴家业;另一面过着衣食无忧、放荡不羁的公子哥儿的生活。

杜甫有一首诗回忆他早年的生活:

放荡齐赵间,裘马颇轻狂。春歌丛台上,冬猎清丘旁。呼鹰皂枥林,逐兽云雪冈。

春天,他到赵王丛台(今河北邯郸东北)上歌唱;冬天,他到齐景公畋猎过的青丘(今山东广饶北)旁边射猎,又在皂枥林、云雪冈,呼鹰逐兽,纵辔(音pèi,指驾驭牲口的嚼子和缰绳)奔驰,过他"轻狂"的"裘马"生活。诗中还说:

越女天下白,鉴湖五月凉。剡溪蕴秀异,欲罢不能忘。(《壮游》)

到绍兴一带欣赏美女,到鉴湖去游山玩水,可见,他作为一

个富家子弟早年生活是非常"放荡"、"潇洒"的。

这正好证实了《新唐书》的说法——杜甫在少年时代"不自振,客吴越齐赵间"。所谓"不自振"就是指杜甫不在家里好好接受正统教育,而是喜欢游山玩水,结交朋友,接触社会。然而,正因为如此,杜甫的视野才比一般读书人广阔,对社会的了解比一般读书人要多,同时也正因为如此,他在仕途上便比别人经受更多的挫折。

无私姑妈的影响

杜甫三岁,母亲就去世了。父亲把他交给住在东都洛阳城的二姑妈抚养。二姑妈是一个很贤惠的人,对杜甫思想性格的形成起着很大的作用。

坊间盛传这样一件事。二姑妈也有一个儿子,比杜甫略小,他俩既是同学又是玩伴。一次洛阳城内流行一种传染病,许多儿童都染上了,有的被病魔夺去了生命。二姑妈怕瘦弱的杜甫也染上可怕的病症,就把两个孩子锁在家里,一连五六天不许出门,没料到,日夜提防的事还是发生了,哥俩一齐病倒了!

姑妈请来本城名医给哥俩诊疗,医生精心开药方,并特意关照:这方子上第一味药最要紧,不能缺。不过近来因病儿多,此药怕不容易配到。

姑妈派人到处去找,其他药都配齐了,就是缺这第一味。姑妈没办法,亲自备车,冒雨去求。整整一天,总算求到了,可数量太少,不够两人用。二姑妈给杜甫配足量,给自己儿子却减少一半。不久,杜甫病情好转,表弟高烧不退,最后杜甫活了下来,表弟却死了。这是一段传说。

还有另一种版本,见诸杜甫的文章:

> 甫昔卧病于我诸姑,姑之子又病,问女巫,巫曰:"处楹之东南隅者吉。"姑乃易子之地以安我。我用是存,而姑之子卒。

这段话的意思是,我杜甫曾经在姑妈家生了病,姑妈的儿子也病了,去问女巫,女巫说:"躺在房屋东南的那根柱子下,孩子就能活。"姑妈便把表弟的床的位置与我换了换,让我躺在柱楹下,使我得到安全。果然,姑妈的孩子死了,而我活了下来。

这件事对杜甫的震动很大。他感到做人要像二姑妈那样常想着别人。这一件事,杜甫后来把它写在二姑妈的墓志铭中了。当碑文写到"我病愈而表弟死"时他再也写不下去了,伏在案头上痛哭起来!

往后杜甫形成的"推己及人"的思想,除了儒家思想对他的影响,与童年时代的这段经历也很有关系。

在二姑妈的照料下,杜甫的身体日益健壮起来。他在晚年回忆自己少年时代的诗中这样写道:

> 忆年十五心尚孩,健如黄犊走复来,庭前八月梨枣熟,一日上树能千回。(《百忧集行》)

这首诗把杜甫幼年的形象写得活灵活现。他说自己十五岁还像个调皮的孩子,宛如一头健壮的小黄牛,成天转来转去,八月里梨枣成熟时,一天无数次地爬到树上去采摘果子。

看公孙大娘"浑脱舞"

影响杜甫幼年并促使他刻苦学习的,还有一件值得回忆的事,那就是他曾在家乡看到公孙大娘舞"剑器浑脱"——

唐玄宗开元五年(717年),他六岁的时候,曾经到过郾城(在巩县东南),看见公孙大娘舞"剑器浑脱"。"剑器"是舞曲名;"浑脱"本是吐蕃语,指太尉长孙无忌用乌羊毛做的毡帽,称为"赵公浑脱",后来演为舞曲,也叫"浑脱",合称为"剑器浑脱"。长孙无忌本姓拓跋氏,祖先仕于北魏,是鲜卑人。"剑器浑脱"可能也是少数民族的舞曲,或者受到鲜卑族的影响。舞者戎装,手挥宝剑,而且可能脱下帽子做道具,表现出一种威武勇健的战斗精神和欢快活泼的生活气息。公孙大娘是玄宗时著名的女舞蹈家,也是当时教坊舞女中唯一长于舞"剑器浑脱"的人,用现代话说是一个舞蹈明星。她曾经在郾城、邺县(今河南安阳县)一带表演过,著名书法家张旭就曾在邺县不止一次地看过她舞"西河剑器",受到启发,因而草书大为长进。她的弟子李十二娘也是郾城附近临颍人,可以看出她在这一带活动的影响是很大的。她和她的舞姿给杜甫的印象很深,杜甫儿时的这一次观赏在他五十年后还记得很清楚,就好像在眼前一样。这是他在夔州看李十二娘的表演时追忆起来的:

观者如山色沮丧,天地为之久低昂。霍如羿射九日落,矫如群帝骖龙翔,来如雷霆收震怒,罢如江海凝清光。(《观公孙大娘弟子舞剑器行》)

观众人山人海,全都因公孙大娘的舞技而惊骇起来,感到天旋地转,一会儿高一会儿低,久久不能平静下来。她舞蹈时下降的姿态,像后羿射日时九个金光灿烂的太阳自天坠落;那上升的姿态又像众神驾着飞龙而行;她忽然而来,好像震怒的急雷,雷过余响还在;舞蹈结束了,一切都安静了下来,又好像江海无波,被秋月的清光凝照着。总之,杜甫深深地被这位"玉貌锦衣"的女舞蹈家的有声有色、威武雄壮而又多变化的舞技吸引住了。

杜甫后来曾两次梦见公孙大娘,公孙大娘刻苦练就舞蹈的本领,使他悟出了读书的道理:他懂得了只要工夫深,就一定能有作为。晚年在他总结自己写诗的经验时,他写道:

> 读书破万卷,下笔如有神。(《奉赠韦左丞丈二十二韵》)

天赋固然不可否定,但读破万卷书的刻苦更加重要。

漫游南北与言志诗

　　杜甫青年时代云游天下,写下了"会当凌绝顶,一览众山小"这样豪迈的诗句,发出了"致君尧舜上,但使风俗淳"的光辉誓言。然而请不要过分相信这话,这不过是少年郎经常会说的"豪言壮语"罢了。杜甫的人格气质中并不具备"一览众山小"的高度,也没有"致君尧舜上"的能力,更不可能去改变民族素质,而使"风俗淳"。

　　《新唐书》对他的评价是中肯的:"好论天下事,高而不切。"

杜甫是个早慧的孩子,七岁时便开始做诗。骆宾王七岁写《咏鹅》,成为学龄前儿童必背的诗篇。杜甫十四岁"出游翰墨场",他的第一首诗也是讽咏动物,可惜那首《咏凤凰》已失传。凤凰是我国古代传说中的灵鸟,杜甫歌咏它,表明诗人幼年时就富于幻想。

　　到九岁的时候,他已经写满了一麻袋的大字,书法有了相当的基础。后来不断努力,他的书法也就非常出色了。他在晚年写了一首《得房公池鹅》诗,回忆少年时的情形:

　　　　凤凰池上应回首,为报笼随王右军。

这是拿晋朝的著名书法家王羲之来自比,说自己是王羲之的继承人。明朝人胡俨说他曾在内阁亲眼看到过杜甫写的《赠卫八处士》诗手迹,说杜甫的"字甚怪伟","怪伟"大约和杜甫在《李潮八分小篆歌》中主张的"书到瘦硬方通神"的"瘦硬"相近。可惜今天我们已不能看到杜甫的字了。不知为什么,与他同时代的或者比他早或比他晚的人,都有字留下,比如贺知章、李白、杜牧、苏东坡,偏偏他的字永远失传了。

杜甫从 19 岁起,开始了他的南北漫游生涯。先是南游到吴越(江苏、浙江),26 岁后又北游齐赵(今山东、河北南部、山西一带),以后又滞留长安,再游齐鲁。前后加起来几乎游历了二十年之久。

杜甫在青少年时代就立下了很高的志向,他后来回忆说,自己要"致君尧舜上,再使风俗淳"。译成白话,就是"要帮助当今皇帝成为像唐尧虞舜这样的君主,他更要使天下人的素质都提高,成为纯朴的人"。口气不可谓不大!杜甫青年时代为我们留下的诗,也反映了这一志向。每读着这段话,不知为什么,我常常会想起鲁迅的"我以我血荐轩辕"的诗句,我觉得这其中似乎有某种联系。

　　　　岱宗夫如何?齐鲁青未了。造化钟神秀,阴阳割昏晓。荡胸生层云,决眦入归鸟。会当凌绝顶,一览众山小。(《望岳》)

这首诗大约写于公元 736～740 年间,杜甫漫游齐赵期间。虽然他考试刚名落孙山,而这首诗里却依然豪情万丈,表现了希望登上事业顶峰的雄心壮志以及对前程万里的乐观和自信。

杜甫这首诗选择了一个"望"的角度,将泰山壮美的自然景观和象征崇高的人文意义融为一个整体印象。开头以散文句式自问自答,直称"岱宗",包含了帝王封禅之地的意蕴。

　　接着"齐鲁青未了",说从齐到鲁都望不尽它的青青山色,以描写辽阔的景色来烘托出泰山的高和大。下面两句"造化钟神秀,阴阳割昏晓",说大自然把神奇和灵秀都集中于泰山,山南山北的白天黑夜都被高高的山峰分割,这既赞美泰山景色的壮丽和雄奇,也隐含着"岱宗"一词的本义:万物代谢、昏晓变化的阴阳造化之功,"神秀"既然集中于泰山,那么,此山当然不愧为五岳之首了。这两句,概括了泰山的主要特征:象征造化伟力和代谢变化的自然奇观。

　　后半首,写诗人遥望山中的所见所感。"荡胸生层云,决眦入归鸟":望见云层起伏,心胸豁然开朗;目送飞鸟归山,眼眶几乎为之睁裂。以"荡胸"二字置于"生层云"之前,似乎层层云气是从诗人的胸中升腾,充分表现出诗人仰望泰山时精神的激荡,以及将大自然的浩气都纳入胸怀的豪情。在此基础上,下句目送归鸟以至要"决眦"的夸张,才更显出"望"的专注、急切和目光的清澈深远了。诗人相信自己终有一天会登上极顶。于是自然推出流传千古的名句:

　　　　会当凌绝顶,一览众山小。

　　这是用孔子"登泰山而小天下"的典故,用的极其现成,又极其巧妙。据说,这首诗并不是在登上山顶时写的,这"一览众山小",完全是出于作者的想象和推理。

　　几乎在同时他还写了《房兵曹胡马》:

胡马大宛名,锋棱瘦骨成。所向无空阔,真堪托死生。骁腾有如此,万里可横行。

兵曹是军事部门的下层官吏名称。诗人赞美房兵曹的胡马,实际上寄托了自己希望横行万里的雄心豪气。

前半首写大宛马,重在烘托千里马骨相清峻的特征:

胡马大宛名,锋棱瘦骨成。

它瘦骨棱棱,好像刀锋(颇有骨感):

竹批双耳峻,风入四蹄轻。

它耳根尖尖,犹如刀削。两耳如削竹是千里马的特点之一,与瘦骨如刀棱的特点综合起来,更突出了马的精干之至。如此骏骨,自然四蹄轻快,犹如被风托起,随时可以腾飞。

后半首以赞叹的口吻写千里马的品质和气势:

所向无空阔,真堪托死生。

它奔向空阔广漠,一往无前,不畏险阻,主人可以托付生命。

骁腾有如此,万里可横行。

如此快捷矫健,自可日行万里,横绝天下!

咏物诗以有寄托为上,否则纵然肖形写貌酷似物象,终欠骨

力。这首诗从马的骁腾矫捷、堪托死生,可以看出诗人自己气骨峥嵘的独特面目;胡马可以横行万里的气势,也正象征着诗人当时目空一切的锐气。

这里不仅使人想起了李贺的马诗,可与杜甫的诗,作一比较:

> 此马非凡马,房星本是星。向前敲瘦骨,犹自带铜声。

杜甫一生爱马。如果说大鹏是李白的图腾,那么马可以说是杜甫的图腾。他写了好多首咏马诗,直到死还把自己比作一匹辛苦了一辈子的瘦马:

> 尘中老尽力,岁晚病伤心。(《瘦马》)

杜甫说:我是尘世的一匹瘦马,又老又病,有谁来怜悯!

> 可怜马上郎,意气今谁见。(《白马》)

杜甫有时还把自己比作鹰:

> 素练风霜起,苍鹰画作殊。竦身思狡兔,侧目似愁胡。绦镟光堪摘,轩楹势可呼。何当击凡鸟,毛血洒平芜。(《画鹰》)

这是一首题画诗。素练,画鹰的白绢,首先写画面的背景:风霜已起,秋冬肃杀。"苍鹰事作殊",画面很特别。

下面具体刻画雄鹰的形象：

> 竦身思狡兔，侧目似愁胡。

竦（音 sǒng）身：收敛紧缩起躯体，准备搏击的样子。思狡兔即想着要捕获狡兔。侧目而视指斜着看，就像发愁时胡人的眼睛。胡人的眼睛是绿的。

"绦镟光堪摘"，绦指丝绳，系鹰的绳子。镟指系绳的金属环。仿佛它能挣脱闪光的绳子、铁环。

"轩楹势可呼"，鹰在被关屋子里，似乎呼一声就会起飞。写得逼真，画面写活了。

> 何当击凡鸟，毛血洒平芜。

什么时候能让它飞上苍天，搏击凡鸟，鹰一定能血洒草原，显出英雄本色。

这首诗寄寓了杜甫鄙弃凡庸，疾恶如仇的性格。

大诗人的脱颖而出，与青少年时代的教育、立志分不开。青少年时代杜甫已渐渐具备了奋发有为的精神。

35 岁以前，杜甫刻苦读书，完成了他第一次的壮游，为他今后的创作生涯打下了坚实的基础。杜甫之所以成为杜甫，当然与他的天赋、出身以及少年时代的学习和生活是分不开的。

有一种流行的说法，认为杜甫这样的天赋才华、这样的刻苦、这样的有雄心壮志，最后却生活得如此潦倒，志向不能实现，是因为当时社会的环境不好，是社会制度的原因，这似乎有点道理。但是,这样的判断是很主观、很表象的。杜甫青壮年时代是中国历史上最好的时代之一,安史之乱要到杜甫44岁时才发生;何况安史之乱本身也给了很多人建功立业的机会。

人的才能是多种多样的,有的有文学才华,有的有政治智慧,有的有实干能力;有文学天赋的人未必能治国,有政治智慧的人未必能实干。人的成功确实要靠天赋、刻苦、志向,但还需要外部条件,要有机遇,更与个人性格有关。杜甫的才华在诗歌方面,能力也在诗歌方面,与李白相仿,他空有治国之志而无治国之能,而况杜甫本人在性格上还有很多致命的弱点。

笔者曾经对美国中小学进行过短期的实地考察,问美国中小学生,你们的志愿是什么? 不少人说"做总统",这些想做总统的少年郎,其中能实现自己志愿的也许只有几千万分之一。大多人的志向不能实现,我们总不能因此说,这都是因为受迫害,都是因为社会环境不好,都是因为社会制度压制人才吧。

说得彻底一点,我们决不能因为小时候或青年时代说过一两句豪言壮语,有过一两件英雄行为,就判断这个人怎么怎么了不起,怎么怎么爱国,认为他后来的不成功是社会原因造成的。秦桧小时候也有过豪言,他做了大官后还说了好多"为国为民"的空话。汪精卫年轻时代何等有血气,他曾经还有过行刺封建统治者的壮举,鲁迅就不愿去,很现实地说上有老母,你能因此说汪是英雄而鲁是懦夫吗? 你能说他们今后所走的人生的路都是因为社会原因吗?

"致君尧舜上,再使风俗淳。"这话说得确实漂亮! 然而当我想到这是出于一个连仕途都没有进入的青年之口,出于一个连自家生活都不能维持、连一般朋友都不易交往的人之口,我总觉得有点好笑。你这一辈子能不能来到皇帝身边还是未知数,你连能不能见到皇帝一面还不得而知,你怎么去"致君尧舜上";你连周围人的关系都处理不好,你又怎么能去"再使风俗淳",去改变民风民俗?要知道改变民风民俗,是何等的不容易!?

这当然是大话。说这种大话,是一般儒生共有的毛病:自视太高。无怪乎《新唐书》要说他"好论天下事,高而不切"了。

不过话要说回来,有这个毛病总比没有这个毛病要好,有理想总比没有理想好。年轻时总要有志向,以便将来朝这个方向去努力,即使失败了,也是有意义的。就怕年轻人太讲"实惠",一点志向也没有。

然而,我们也不要走另一个极端,听了这话就以为此人怎么怎么的了不起,怎么怎么的胸怀大志,认为他的一切都是"为了中华之崛起"!

我们还是回到杜甫。可惜的是,这样豪迈自信的诗句,杜甫青年以后再也没有写过。

附录一:杜甫的纨绔子弟生活

与李白相似,杜甫早年也过着纨绔子弟的生活。对此,笔者不打算作具体的叙述。这里只引杜甫早年"狂饮"、"赌博"、"携妓"、"燕游"的几首诗,以使读者了解一个大概。

狂饮

甲第纷纷厌粱肉,广文先生饭不足。……德尊一代常坎坷,名垂万古常坎坷。……得钱即相觅,沽酒不复疑,忘形到尔汝,痛饮真吾师。儒术于我何有哉,孔丘盗跖俱尘

埃。不须闻此意惨怆,生前相遇且衔杯。(《醉时歌》)

读书有什么用,孔子与盗跖不是一样化为尘埃! 这与李白的"且乐生前一杯酒,何用悠悠万古名",还有什么区别? 要知道,写这首诗的时候,杜甫已老大不小,44 岁了。

在他的诗集中大量出现这样的句子:

> 浅把涓涓酒,深凭送此生。

> 此身醒复醉,不拟哭途穷。

> 此身醒复醉,乘兴即为家。

杜甫这一辈子,就在醉复醒、醒复醉中度过吧。

> 酒尽沙头双玉瓶,众宾皆醉我独醒。乃知贫贱别更苦,吞声踯躅涕泪零。(《醉歌行》)

一面在行乐,一面心理空虚,乃至恐怖,怕分别,怕无人帮助,觉得朋友靠不住,自以为醒着,其实是醉着:

> 惜君只欲苦死留,富贵何如草头露。蔡侯静者意有余,清夜置酒临前除。罢琴惆怅月照席,几岁寄我空中书。南寻禹穴见李白,道甫问信今何如。

他与李白在一起,更强化了这种游兴、酒兴:

余亦东蒙客，怜君如弟兄。醉眠秋共被，携手日同行……（《与李十二白同寻范十隐居》）

他那首有名的《赠李白》我以为是一种内心的忏悔，在劝李白也是在恨自己：

秋来相顾尚飘蓬，未就丹砂愧葛洪。痛饮狂歌空度日，飞扬跋扈为谁雄？

意思是李白你这样飞扬跋扈是为什么啊！

赌博

今夕何夕岁云徂，更长烛明不可孤。咸阳客舍一事无，相与博塞为欢娱。冯陵大叫呼五白，袒跣不肯成枭卢。英雄有时亦如此，邂逅岂即非良图。君莫笑刘毅从来布衣愿，家无儋石输百万。（《今夕行》）

青年时代的杜甫也参与赌博。有趣的是，他竟敢说出，即使家中再穷，输掉百万又有何妨的"豪言壮语"。

携妓

落日放船好，轻风生浪迟。竹深留客处，荷净纳凉时。公子调冰水，佳人雪藕丝。片云头上黑，应是雨催诗。

雨来沾席上，风急打船头。越女红妆湿，燕姬翠黛愁。缆侵堤柳系，幔卷浪花浮。归路翻萧飒，陂塘五月秋。（《陪诸贵公子丈八沟携妓纳凉，晚际遇雨》）

这是杜甫在长安陪同贵公子游乐时写的诗。丈八沟是唐代皇家的避暑胜地。位于古城西安西南 10 公里处，占地 28 万平方米，其中湖面 4.5 万平方米。它开通于唐天宝初年，起初作为一条人工河流，主要往京师运送物资。因为沟宽八丈，所以叫丈八沟。安史之乱后，沟道逐渐堵塞被废弃。到了唐代大历年间，朝廷将它疏通，开始在这里栽植花木，修建行宫，供高官、佳丽避暑消夏，更是热闹非凡，相当于南京的秦淮河。

第一首，一二句写开船时的景象。三四句写纳凉的所在和环境。五六句写公子、歌妓在船上的享受。公子调冰水，佳人雪藕丝，写尽杜甫对此的羡慕之情。七八句写云头低垂，天将有变，"片云头上黑，应是雨催诗"，把云、雨和诗连在一起，确是妙语。

第二首写船上遇雨后情景。其中的"越女红妆湿，燕姬翠黛愁"，不但说明歌妓来自各地，而且细腻地传达了她们雨打黛眉弄湿衣衫时的娇态。杜甫不愧是传情会意的高手。

燕游

青蛾皓齿在楼船，横笛短箫悲远天。春风自信牙樯动，迟日徐看锦缆牵。鱼吹细浪摇歌扇，燕蹴飞花落舞筵。不有小舟能荡桨，百壶那送酒如泉？……（《城西陂泛舟》）

青年的杜甫是颇会玩乐的。荡着小船，携着姑娘，又是唱

歌,又是跳舞,又是喝酒。酒量之大,颇为惊人:"百壶那送酒
如泉?"

> 湘妃汉女出歌舞,金支翠旗光有无。……少壮几时奈
老何?向来哀乐何其多。(《渼陂行》)

尽情的玩乐,有时也会感到一丝的空虚,欢乐的诗歌,仍不
能掩盖内心的伤感。

> 从此具扁舟,弥年逐清景。(《渼陂西南台》)

希望年年有今天。可见,内心常常有好景不长的恐惧。

> 应为西陂好,金钱罄一餐。……主人情烂漫,持答翠琅
玕。(《与鄠县源太少夜宴渼陂》)

渼陂在鄠县西五里,杜甫在那里与公子哥儿们花天酒地,尽
情玩乐。"烂漫"一词用在这里,多棒!

> 檐影微微落,津流脉脉斜。……邻人有美酒,稚子夜能
赊。(《遗忘》)

天黑了,也要喝酒;钱完了,那就赊吧。

青壮年时期,杜甫的诗集中大量出现邀请某人游某地、赴某
人的宴集、出席某人的"夜宴"等内容。

直到40岁左右,杜甫的诗才开始集中出现关心民瘼的诗篇。

强烈的功名欲

　　杜甫一生曾先后参加过三次科举考试,都没有被录取。诗写得好与文章写得好不是一回事;文章好与科举考试又不是一回事。

　　为了做官,他只能到处请托,不顾对象是谁,写诗赋自我举荐,这在当时是普遍现象,我们不必苛求。但同时也不必把他自荐时的"豪言"当真,就像我们不必把一些热血沸腾的"革命青年"的豪言壮语当真一样。我们还要看他们今后的路怎么走。

　　杜甫的仕途充满了变数,杜甫的人生道路更充满了艰险。

　　李白有着强烈的功名欲,甚至可以说他是一个官迷。由于他的不断努力,由于他的名气响,终于上达天听,让玄宗知道了,并且被玄宗诏见,做了一年多供奉翰林,在皇帝身边是一个陪着娱乐的角色。供奉翰林不算官,没有品级。但总算在皇帝身边过了一把瘾。可是好景不长,实在待不下去,不久打了辞职报告。皇帝也顺水推舟,来个赐金还山。

　　那么杜甫呢? 杜甫似乎没有他那么好运。出身于书香门第、官宦之家的杜甫,当然更把做官求晋升看作是一生中最大的目标。如前所说,他从年轻时候起就立下志愿,要"致君尧舜上,再使风俗淳"(《奉赠韦左丞丈二十二韵》)。然而,这谈何容易啊!

在后人看来,认为以杜甫的才华做一个大官,不会有问题。但事实恰恰相反,杜甫的仕途,充满了崎岖坎坷。

杜甫一生参加过三次考试。

第一次是在他24岁那年,公元735年,他参加了一次科举考,结果落榜了。考试有时像赌博一样,也有一定的偶然因素。有唐一朝,人才济济,竞争激烈。考试的结果又和出的题目、考官的爱好、临场的发挥等有关。总之,杜甫第一次考试是名落孙山。

不过这时的杜甫并不在乎。他不过24岁,有的是时间,他还要享受人生呢!他19岁开始远游。这次考试之前,他已在南方吴越游玩了4年,他游览金陵古都,渡钱塘江,登天姥山,泛舟剡溪,跋山涉水,好不快活。考试之后,他又到了北方齐、赵游玩,广泛地结交朋友,从25岁到29岁,又是整整五六年。

如果没有这样的云游经历,杜甫也不会有那么多朋友。他以后的生活,大多靠朋友的帮助。如果没有这么多的阅历,杜甫的诗歌,也不可能达到那样的高度。

但总不能天天闲逛,他应该有个家了。

30岁那年,他与杨氏结婚,妻子与他年龄相差十多岁,也出身于书香门第。

杜甫可以说是晚婚、晚育的标兵。他到39岁时生了第一个儿子宗文,42岁又生子宗武。以后也许还生了女儿和儿子,一个儿子饿死了。自从有了家,杜甫再也没有像过去那样随心所

欲、裘马轻狂，他担起了一个男人、一个父亲应负的责任。

自从结婚后，他便不作长期的远游，有的只是短期外出。这一点不像李白，李白不太顾家，婚后把妻子儿女扔在一边，自己去云游天下，一去就是几年，最多在诗里写写对儿女的思念，或者请人带一个口信。他在外地又成个家，包了二奶、三奶。杜甫不是这样，他结婚后便很少出远门。以后逃难的日子，总是拖儿带女，直至去世。

杜甫36岁那年，到长安参加了第二次考试。这不是一次国家例行的科举考，而是一次制举，是特别加出来的，属于恩科。玄宗心血来潮，向全国发了一道通告说，"上欲广求天下之士，命通一艺以上者皆诣京师"（《资治通鉴》）。凡有一技之长的，都可以来参加考试。

杜甫当然兴冲冲地去了，他的诗写得这么好，至少可以说是"通一艺"者了。

可是这次考试，杜甫又落榜了。不要说杜甫，凡参加考试的没有一个被录取的！

这是怎么回事呢？

据说这是宰相李林甫在捣鬼，李林甫，史书上记载是个口蜜腹剑的小人，自己无文才，却嫉贤妒能，为人奸诈，善于逢迎。学问不高，曾把"弄璋之喜"写成"弄獐"。旧时祝贺生子生女常用这两个词，即"弄璋之喜"与"弄瓦之喜"。璋，玉器，男的做官之用；瓦，纺锤，女的理家之用。河南汝南有个"鸣珂里"，"珂"也是玉石。就是因为那里做官的人多，佩玉叮叮当当，所以起了这个名字。

李林甫为了证明天下英才都已到皇帝的朝廷里了，就要了这一招。考完后，一个不录取，并向玄宗报告，说可喜可贺，现在是"野无遗贤",朝廷外面没有遗漏的人才了。玄宗是个爱听好话的人,虽然他本人很有天赋,也还是被欺骗了,高高兴兴地接受了这个考试结果,不过也许他本来就是玩玩的。

其实,对玄宗来说,有没有人录取,没什么大不了的,可对杜甫这些考生来说,可不是小事!人是有机遇、有运气的,杜甫的运气可真不好!

这时,杜甫已 36 岁了,不能再等了,时不我待啊!

献"三大礼赋"

　　唐朝的仕途除了参加科举,还有请人推荐的道路;或者是既推荐又考试。王维便是先请人推荐再参加考试的。杜甫考试落榜,只好走推荐之路。既然有求于人,总要以稍稍失去一点自我,收敛一点好批评人的脾气为代价,可是,杜甫却一面低声下气地求人,一面依然批评讽刺挖苦他们。

　　他的"三大礼赋",得到了玄宗的赏识,可是这并没有给他带来好运。

　　杜甫和李白一样,他也到处求人举荐,走门路,拉关系。
　　首先,他去求张垍。张垍是皇帝的女婿,是玄宗喜欢的人,皇帝把他放在身边,做皇帝秘书,还破例让他住进皇宫。张垍帮助了杜甫。张垍曾作弄过李白,不过他对杜甫不错,从杜甫后来给张垍的诗里可以看出,他很感谢张垍。

　　顾深惭锻炼,材小辱提携。

　　他称道张垍,说他是:"天上张公子,宫中汉客星。"(《赠翰林张四学士垍》)

"顾深惭锻炼，材小辱提携。"这说明张垍提携过他，是他自己不行，缺少"锻炼"，感到惭愧。"天上张公子，宫中汉客星。"是把他比作天上的星星。为了讨好别人，杜甫是不会吝啬美好的语言的。

那么，张垍到底是怎么提携杜甫呢，我们下面要提到。但有一点可以肯定，张垍欺骗李白而帮助杜甫，可见在张垍的眼里李、杜是不同的，尽管张垍本人并不正派。

走了杨国忠的门路

另外，杜甫还走了杨国忠的门路。他写信、写诗给杨国忠的亲信鲜于仲通。杨国忠何许人也？当朝宰相，杨贵妃的哥哥（不是同胞兄妹），李白因此曾作弄过他。

杨玉环有三个姐姐入宫，大姐封为韩国夫人，三姐封为虢国夫人，八姐封为秦国夫人。杜甫也曾写诗讽刺她们：

> 虢国夫人承主恩，平明骑马入金门。却嫌脂粉污颜色，淡扫蛾眉朝至尊。（《虢国夫人》）

这首诗在批评玄宗滥施恩宠，滥施封号。平明就是大白天，兄妹俩大白天同出入宫闱，不避人眼、不避人车。不施粉黛，淡扫蛾眉，自炫美艳，素面朝天。在那个时代，素面朝天，不施粉黛是一种不守规矩的放肆行为。杜甫在讥讽他们浊乱宫闱。

还有一首有名的《丽人行》就骂得更露骨了：

> 三月三日天气新，长安水边多丽人。

态浓意远淑且真,肌理细腻骨肉匀。

三月三日百花节,贵夫人宫娥们都来到水边游春,个个体态优雅,气质高贵。"肌理细腻":皮肤细腻,滑若凝脂;"骨肉匀":有骨感,有肉感。她们穿着如何奢华:"绣罗衣裳照暮春,蹙金孔雀银麒麟。"

阳光照映着绣花衣服上的金孔雀、银麒麟闪闪发光。接着说她们吃得怎么好,连筷子都不知向何处伸了,又说她们玩得怎么痛快。

杜甫还大胆地影射杨国忠与他妹妹虢国夫人的暧昧关系。当时人背后曾骂杨国忠为"雄狐",即雄的狐狸精。诗的最后说:

炙手可热势绝伦,慎莫近前丞相嗔!

可见,杜甫明明是知道杨家兄妹的骄奢淫逸,飞扬跋扈,声名不太好的。但为了做官,为了被推荐,他还是不顾这一切,去求杨国忠手下的爪牙鲜于仲通。鲜于仲通当时是京兆尹,也就是西安市市长。杜甫在《奉赠鲜于京兆二十韵》中求鲜于仲通向杨国忠推荐。他摆出一副可怜相,甚至摇尾乞怜:

有儒愁饿死,早晚报平津。

意思是请你去对杨大人说一声"有一个读书人快饿死了!"

平津,就是指杨国忠。昨天骂他,今天求他,脸说变就变,真难为了杜甫。

不久,杜甫的父亲死了。他失去了支撑,生活发生了困难。

这时他只好自己去营生,做起了小生意:有时"卖药都市",有时"寄食友朋"。

他写诗道:"骑驴三十载,旅食京华春。朝扣富儿门,暮随肥马尘。残羹与冷炙,到处含悲辛。"早上去敲有钱人的门;晚上跟在有钱人骑的肥马后面,讨一点剩饭剩菜过日子,"到处含悲辛",你看我们的大诗人实在是可怜!

当然,这里有夸张的成分。三十载便是明显的夸张,当时杜甫也不过40岁,怎么可能"骑驴三十载"呢?但是从这夸张的语言中,我们不是更能看出杜甫的内心世界吗?

然而,天无绝人之路。杜甫的"三大礼赋"终于得到了唐玄宗李隆基的赏识。

天宝九年十月(公元750年杜甫39岁),太白山人道士王玄翼,据说是个骗子,他对唐玄宗李隆基说,他梦中见到老子,老子亲口告诉他说宝仙洞中有秘籍《妙灵真符》。玄宗已70岁,一心想求长生不老,便命令张均(张垍的哥哥)去找,一找,果然找到了。

于是要进行庆典活动,征求歌功颂德、粉饰太平的文章及颂词。张垍便把这个信息预先告诉了杜甫,这是张垍对杜甫的关照。杜甫使尽平生气力,写了"三大礼赋"。杜甫在这之前,也曾献过礼赋,比如《天狗赋》、《雕赋》等,但都没有下文。

这次是国家大典,皇帝一定会注意的。这"三大礼赋"是:《朝献太清宫赋》、《朝享太庙赋》、《有事于西郊赋》。

他把"三大礼赋"匆匆地丢进了延恩匦(音 guǐ,匣子)里。

什么叫延恩匦?

原来武则天时曾设了四个匦,其实就是四个皇帝的信箱,大臣、百姓有什么事,可以直接写信给皇上,丢在匦里,匦子共有东南西北四个,东面为延恩匦,投表扬信、歌功颂德的文章;南面为招谏匦,是用来提建议、告密的;西面为申冤匦,是用于申冤的;北面为通玄匦,在道家、佛学方面有什么思想创见,便可投入。

因为杜甫得到的信息早,投入的文章很快被玄宗看到了。

关于"三大礼赋"的内容,现在还能看到,在杜甫全集里有,无非是歌功颂德那一套,玩弄了一点文字技巧。此处不引也罢!

玄宗看了杜甫的"三大礼赋",非常赏识杜甫的才华,他突发奇想,要集贤院再考一考杜甫,看这个人是不是确实有真才实学。

这是一场特殊的考试,考官一大群,参加考试的只有杜甫一个人!

第三次考试仍无下文

　　第三次考试第三次落榜。有这么多考官，有皇帝的亲自关照和过目，杨国忠不可能也无必要做手脚，也许杜甫的文章确实不符合"要求"，就像有些很有才华的学生高考文章"没写好"一样。

　　杜甫没有耐心等待了，他又在发怨言了。

　　这是一次特殊的考试，考官有许多，可考生只有一位，请集贤院测试。院长是李国辅、于休烈。杜甫曾写诗感谢两位主考大人，最后两句是："谬称三赋在，难述二公恩。"

　　这次考试由宰相李林甫主持，考一个小小的投稿者，出动了堂堂宰相，实在有点滑稽。考试，要求在一个时辰完篇，等于现在的两个小时。考试地点设在中书堂，相当于现在的国务院办公室。杜甫一个人考，边上围着一群大臣。可以想象，这个场面是很有戏剧性的。

　　好多年后，杜甫在十分落魄时回忆起这件事，还是充满了自豪感。

　　他在《莫相疑行》中写道：

忆献三赋蓬莱宫,自怪一日声辉赫。集贤学士如堵墙,观我落笔中书堂。往时文采动人主,今日饥寒趋路旁!

回想当年,我献了三篇大赋,那中书堂就像蓬莱仙境那样辉煌,我自己也为一天之内如此辉煌显赫而感到吃惊。看我落笔的大官像一堵墙,我的文采当年感动了皇上。可是现在怎么样呢?今日连衣服都穿不暖,只能蜷缩在路旁。需要说明,杜甫写这首《莫相疑行》时,他正在严武手下做幕僚,和年轻的同事发生了矛盾。那时并没有"饥寒趋路旁"。杜甫常常喜欢哭穷,正如李白特别喜欢吹嘘自己花钱如流水、杀人不眨眼一样,其实并没有如此严重。

可是这次考试的结果怎么样呢?

考试的结果是"送隶有司,参列选序"八字批语,意思是送到档案室,存档,暂不考虑,等待录用。换句话说,就是打入了冷宫。不说行,也不说不行。其实等于说不行!

那么,问题到底出在哪儿呢?

一般都认为问题是出在李林甫身上。李林甫为了要与上次考试保持一致,自圆其说,不惜再次陷害杜甫:既然野无遗贤,怎么会有如此大才呢?

不过,我以为,事实不会如此。

一则,有很多人看杜甫的文章,等于是面试。如果文章确实好,李林甫也不可能一手遮天。二则,李林甫似乎也没有必要与杜甫这样一个小小的往日无仇、今日无怨的读书人过不去。即使按史书上的说法,说他曾说过"野无遗贤",那也并不是说今后不会再出现"贤者"了。三则,既然是唐玄宗下令测试的,玄宗必然要亲自过目,玄宗是文章高手,学问大家,岂能瞒得过他的法眼。

总之，如果杜甫的文章真的符合玄宗的要求，在这样特殊的考试中，绝对不会再度落榜的。

那么，问题出在哪里？唯一的可能是：杜甫的文章不符合要求！

大诗人的文章竟然不合要求?！这可能吗？当然可能！杜甫也不是每篇文章都写得好。杜甫被称为"诗圣"，是以后的事。并不是他的应试文章写得不好，而是因为他写出了底层人民的苦难。杜甫的治国见解，特别是政治、军事、外交、社会方面的才华，并不见得高于别人，纵观杜甫全集，我们也看不出他有什么治国的方略，杜甫，他不是治国的能臣！

更何况，当时围着那么多大官，心情是多么紧张，发挥不正常，是很有可能。

还有一件事可以旁证，说明当事人并不看好杜甫的诗文。王维、李白、孟浩然等人的诗在他们在世时已广为流传，杜甫的诗，则在他死后几十年才被关注。当时人编的《唐人诗选》中，一首都没选他的诗。

再说，玄宗其实也并不把那次考试当一回事，"三大礼赋"那毕竟是文学作品，而玄宗看上的也正是他的文学才华，又不是选国家栋梁。后来的一次大考，玄宗的考察标准发生了变化，他看重的是政治、经济、军事、管理才能。杜甫能不能重用，在他看来，无关紧要。否则，李林甫即使想一手遮尽他人耳目，也没那么容易。"送隶有司，参列选序"无疑是最恰当的处理方法。

然而，这在杜甫却是一件重大的事件，他又失去了一次做官的机会——他只是在中央组织部挂了个号罢了。

这一年杜甫 40 岁。他还必须耐心等待！

然而,杜甫再也没有耐心来等待了,他埋怨朋友们不来相助,他羡慕古时候的管鲍之交,他用诗歌来发泄心中的怨愤:

> 翻手作云覆作雨,纷纷轻薄何须数。君不见,管鲍贫时交,此道今人弃如土。(《贫交行》)

他在骂人,说别人"翻手作云覆作雨",他骂别人把古人以友情为重的美德弃之如土! 他希望,别人像鲍叔牙那样能始终善待他,而他把自己说成是雄才大略的管仲。

根据笔者几十年的人生经验,凡是满腹牢骚,喜欢埋怨别人而不自我反省的人,往往是器度狭小的人。

《新唐书》说杜甫"不自检","性褊狭",显然不是无中生有的。

个人的转机和安史之乱一起到来

　　杜甫终于做官了！但他不愿到河西这个偏远的地方去管治安,他宁可留在京城管理兵器。可是做了没几天,他又不想干了。然而,不管他愿不愿意,命运偏偏逼他奔向远方,让他深入民间疾苦,成为苦难百姓的代言人。这就是所谓天将降大任于斯人也,必先苦其心志。杜甫必然要受苦受难,接受炼狱烈火的焚烧。我们完全有理由说,如果没有这以后的苦难,杜甫不过是三四流的诗人罢了。

　　"愤怒出诗人",诚哉此言!

这一天终于来了。毕竟有人在帮助他。

公元755年10月,杜甫44岁那年,时来运转。

由于多方面努力,其中包括他妻舅崔家的举荐,朝廷终于任命杜甫为河西县尉,即县办公室副主任,兼管治安。但是,杜甫没有接受任命去上任。不久,通过打通关节,朝廷改任他为"右卫率府胄曹参军",这大概是管管兵器仓库与门禁的小官,很清闲,虽然仍是从八品,官小,但好歹是个京官,可以留在繁华的京城。

　　关于杜甫为什么不赴"河西尉",而愿意做一个不能直接发挥实际作用的武器管理员的原因,崇拜杜甫的人,往往避而不谈,或者找一个冠冕堂皇的理由,说他不愿意压迫人民,不愿意做统治者的鹰犬,去催租逼债。这种辩护实在是很空洞可笑的。其实杜甫本人倒并不讳避,他在改任赴新职后,写了一首带有自我调侃性质的诗,透露出自己当时的心境。

　　　　不作河西尉,凄凉为折腰。老夫怕趋走,率府且逍遥。

　　"折腰"是借用陶渊明的典故,杜甫说自己不赴河西尉是不愿为五斗米折腰。然而,做参军不是同样为五斗米折腰吗?看来,杜甫是嫌河西县太"凄凉",不比长安、洛阳这样的大城市。何况他自己明明说,任河西尉事情多,可是"老夫怕趋走",所以宁可在京城,做一个清闲的管武器、管门禁的八品以下的小京官,因为这项工作"遥遥"自在,得以饮酒狂歌。这时的杜甫可是不习惯过没有莺歌燕舞的艰苦生活的。所以,杜甫在这首诗里,接着说:

　　　　耽酒须微禄,狂歌托圣朝。故山归兴尽,回首向风飚。

　　意思是俸禄虽然微薄,总算还可以提供我"耽酒",有闲暇的时间,可以"狂歌吟啸"。我再也不想回家乡了,说不定还有机会被"狂飙"吹起来,升到天上呢!这些话是杜甫自己说的,不是别人强加的。这首诗的题目叫《官定后戏赠》。从题目和内容来分析,估计是有朋友问他,你为什么不接受河西尉,而肯接受一个小小的武库保管员的职务,于是杜甫就坦然地以诗加以解释。
　　然而,对这个武库保管员的职务,杜甫也并不安心。仇兆鳌编的《杜甫全集》里，有一篇不大为人注意的诗，名曰《去矣行》，更直白地说出了杜甫想辞去率府职位的心情：

> 君不见鞲上鹰，一饱即飞掣！焉能作堂上燕，衔泥附炎热？野人旷荡无廛颜，岂可久在王侯间？未试囊中餐玉法，明朝且入蓝田山。

这首诗前半首是比喻，说自己不愿像那被拴着的老鹰，给它一点吃的，就乖乖地听话，叫飞就飞叫停就停；也不愿做燕子趋炎附势地依附在别人的堂上。后半首是直抒胸臆，表示自己野性旷荡，不屑看豪门的脸色，宁可隐居起来，到蓝田去餐玉为生。

这首诗估计是任右卫率府胄曹参军以后不久所作。最初杜甫还以为"率府且逍遥"，而实际情况并非他想象得那么轻松，何况在许多王侯手下做这个小小从八品官实在不是滋味，所以想走之大吉。但不做这官儿，生活又成问题。于是产生了到蓝田餐玉的想法。然而，杜甫不是陶渊明，他不会真正去归隐，他不过是发发牢骚罢了。

杜甫被任命为"右卫率府胄曹参军"是在天宝十四载十月，上任不到一个月，也就是在当年十一月，杜甫便离京去奉先探亲。他已经好久没回家了。现在总算做了官，虽然他自己并不满意，但好歹是个官，应该赶快去告诉家里人，让妻儿们高兴高兴。他请了一个月假，由长安到奉先去探亲。这一次虽说不是逃难，可是一路上看到的悲惨情景，让他震惊。

这已经是安禄山叛乱的前夜。社会的各种矛盾已经充分暴露了。民生凋敝，满目萧条，危机四伏。进到家门，情景更使他欲哭无泪。回乡报喜的高兴劲，一扫而光。于是写了一首在杜甫创作史上具有划时代意义,在中国文学史上也是具有里程碑意义的名篇——《自京赴奉先县咏怀五百字》。这首诗可以说是他这一时期的经历和心灵的生动写照。

诗很长,有五百字,我们现在就其中重要的句子来加以分析。

全诗以还家探亲为线索,分为三个部分:明志抒怀、途经骊山、到家所见。诗一开篇,就进行自嘲,并以古代的贤臣自比。

　　　　杜陵有布衣,老大意转拙,许身一何愚,窃比稷与契。

杜陵有一个穿布衣的老百姓(杜陵在长安南面,杜甫在那儿住过),那就是我。我老大不小了,但是越来越笨,越来越没用了,到现在只做这么小的官。(这是牢骚话。)我把自己献出去,就像古代的稷和契(稷是周代祖先,教百姓种粮食;契是殷代祖先,推行文化教育。杜甫自比稷、契,就是自己立志要为帮助百姓的生活、提高百姓的文化水平作贡献)。

诗一开始叙述自己一贯忧国忧民的志愿,接着说现在:

　　　　穷年忧黎元,叹息肠肉热。

"穷年"就是一年到头,"黎元"是老百姓,自己一年到头,为百姓的生活,肠内滚烫,忧心如焚。虽然潦倒,却矢志不移地追求理想,虽然自己那么苦,却还是不能忘了天下的老百姓。

　　　　生逢尧舜君,不忍便永诀。

但我的理想不被人所理解，相反被人嘲笑，本来应该独善其身，回归山林，可是，我忠于皇帝，不忍心离开他。

接着又说出自己的志向：

> 当今廊庙具，构厦岂云缺。
> 葵藿倾太阳，物性固莫夺。

我的心，永远向着红太阳。这是人的天性，谁也剥夺不了！廊庙具，指朝廷百官，朝廷百官这么多，难道就少我这块料？他把皇上比作太阳，把自己比作葵花，葵花朵朵向太阳。他发誓，他的这个本性是不会改变的。

这不禁让笔者想起"文革"时的情景，我们不是也曾说过这样的话，唱过这样的歌吗？

> 凌晨过骊山……彤庭分衣帛……圣人筐篚恩，欲客驼蹄羹。

经过骊山，一墙之隔，见到的是朝廷高官们的荒淫奢侈。

在叙述了一路上看到的贫富差距如天上、地狱般的现实后，杜甫用四句最经典的名句作了高度的概括：

> 朱门酒肉臭，路有冻死骨。荣枯咫尺异，惆怅难再述。……

荣指的是朱门，枯指的是路边，咫尺异，有钱人和穷苦人就在咫尺之隔，不过是墙内墙外，可是一生一死，一富一贫，相差不止千万里。人间的贫富差别是多么大啊！这是千古名句，只要有贫富差别，就有它的生命力。笔者第一次接触杜诗，就是这一句，深深被打动。而那时贫富差别还不是那么明显呢！

经过千辛万苦，长途跋涉，杜甫终于到家了，本来应该为相聚而高兴，可是一跨进门，迎接他的不是笑声，不是亲热的呼唤，而是一声声的号啕大哭：

> 入门闻号叫，幼子饿已卒。吾宁舍一哀，里巷亦呜咽！
> 所愧为人父，无食致夭折！

面对这情形，怎么能不悲痛万分，连邻居都为我在呜咽哭泣，我惭愧自己作为孩子的父亲，没有尽到职责，使他没有吃的而饿死！

写到这里，杜甫联想到别人：

> 生常免租税，名不隶征伐。

我大小还是一个下层官吏，可以免租税，可以不当兵，我的孩子尚且会饿死，那么，一般老百姓的苦难就可想而知了。杜甫推己及人的品德，常常在不经意中自然流露出来。

> 默思失业徒，固念远戍卒。

那些无依无靠、无家可归的失业的平民，那些有人去当兵的家庭，可怎么过呢？

想到这里，杜甫的诗突然戛然而止：

忧端齐终南,颒洞不可掇。

我的忧愁堆积得像终南山那么高,像无底洞那么深,无穷无尽不可收拾!

这首咏怀五百字,把爱国与爱家、忠君与爱民的思想形象地展示出来。

不幸的是,一切都被杜甫言中了,就在杜甫说这话的时候,公元 755 年,即天宝十四载十一月,发生了安史之乱。只是消息还没有传到此地罢了。

杜甫的运气也真不好。正式上任没几天(一个月),也许一点事还没干,就开始了他的逃难生涯。

沦落长安

我们不知道,沦落在土匪强盗的占领区会是什么感受?我们更难体会,一个昔日的王子皇孙沦落于暴徒的手中是什么心境?杜甫为我们留下了很多诗篇,使我们能间接体会那种滋味。《哀王孙》就是这样的诗篇。

这一年春节,杜甫是在奉先与家人一起过的。二月回到长安,四月又去接家小,移家鄜州羌村。安顿好家人后,八月,他单身离羌村去了延州,就是现在的延安,想取道延州,前往灵武。

安禄山叛乱后,玄宗逃往四川,要太子李亨留守,李亨已做了19年的太子,实在是太长了,等不及了。于是乘玄宗逃往四川之机在灵武称帝,并让玄宗做了太上皇。杜甫得到消息,准备去投奔灵武的新皇帝肃宗李亨。

可是,杜甫真是不幸,在去灵武的路上,他被安禄山的叛军抓到沦陷区长安。

王维也曾被俘虏,最终他投降了安禄山。也许杜甫因为官卑职小,又没名气,所以,并没有被安禄山重视。未被囚禁,只是监外执行,不许乱说乱动,外出要汇报请示,就像"文革"时的四类分子。因为管得并不严,所以,第二年春天,他便潜逃出了长安。5月逃到凤翔,那年杜甫46岁,是公元757年。

杜甫沦陷长安共8个月,在此期间,他不但自己受苦,不但看到了人民的疾苦,还看到了那些当年王子皇孙的遭遇。这8个月的俘虏生涯,恰恰是他创作的旺季。那首《哀王孙》,便是记载了王子皇孙的悲惨遭遇,写得实在精彩!

长安城头头白乌,夜飞延秋门上呼。又向人家啄大屋,屋底达官走避胡。金鞭折断九马死,骨肉不得同驰驱。腰下宝块青珊瑚,可怜王孙泣路隅。问之不肯道姓名,但道困苦乞为奴。已经百日窜荆棘,身上无有完肌肤。高帝子孙尽龙准,龙种自与常人殊。豺狼在邑龙在野,王孙善保千金躯。不敢长语临交衢,且为王孙立斯须。昨夜东风吹血腥,东来橐驼满旧都。朔方健儿好身手,昔何勇锐今何愚!窃闻天子已传位,圣德北服南单于。花门鷔面请雪耻,慎勿出口他人狙。哀哉王孙慎勿疏,五陵佳气无时无。

安禄山攻破潼关以后,玄宗仓皇出逃,来不及带走的子孙很多。《资治通鉴》说玄宗出逃时,"选闲厩马九百余匹,外人皆莫之知。乙未,黎明,上独与贵妃姊妹、皇子、妃、主、皇孙、杨国忠……及亲近宦官、宫人出延秋门,妃、主、皇孙之在外者,皆委之而去"。这首诗所哀的落难王孙便是被抛弃的皇家子孙之一。

"长安城头头白乌,夜飞延秋门上呼。又向人家啄大屋,屋底达官走避胡。金鞭折断九马死,骨肉不得同驰驱。"一开头就用比兴手法,借不祥之白头乌鸦在城墙上号呼、在大屋上剥啄的动态,虚写长安大乱中明皇出逃、百官四散的场面。这里是暗暗地用典:传说梁朝侯景之乱时有数万白头乌集于朱雀门。

"腰下宝块青珊瑚,可怜王孙泣路隅。问之不肯道姓名,但道困苦乞为奴。"王孙在路边哭泣,在荆棘丛中流窜,不肯道出姓名,只愿谁收留他,为人作奴。可是,这些王子皇孙并不善于掩盖自己,只要通过宝玉珊瑚的佩饰和殊于平常人等神情,就很容易被确认皇族的身份。

"已经百日窜荆棘,身上无有完肌肤。高帝子孙尽龙准,龙种自与常人殊。"他们走投无路的狼狈不堪的形象、害怕暴露身份遭受迫害的可怜心态,以及不善于掩盖自己身份的窘相,引起诗人深深的同情。杜甫不但同情百姓,也同情王孙。

"豺狼在邑龙在野,王孙善保千金躯。不敢长语临交衢,且为王孙立斯须。"强盗在城里,王族却流落街头;杜甫在路上碰到了王孙,和他进行了短暂的对话。

"昨夜东风吹血腥,东来橐驼满旧都。朔方健儿好身手,昔何勇锐今何愚!"昨天又看见一批血腥的反叛者进了城,满城都是。他们背着抢来的东西再用骆驼运回去;那北方来的战士们都是好武艺,过去为什么那么勇敢,现在怎么会这么傻!

"窃闻天子已传位,圣德北服南单于。花门瞾面请雪耻,慎勿出口他人狙。哀哉王孙慎勿疏,五陵佳气无时无。"听说皇帝已传位了,还借来了回纥的军队,请人来帮助当然好,但要当心有人趁机打劫。这一点,王孙们可千万不要麻痹大意啊。

杜甫描述的路遇落难王孙,虽然只是一个小小的情节,却反映了长安沦陷之初,特别是动乱时期"成打皇冠落地"的悲惨景象,并且预示着唐王室将近崩溃的边缘。

曾有人说,唐玄宗是多情种,被称为"三郎"。有人还准备为他树碑立传。白居易在《长恨歌》里也同情地说他:"六军不发无奈何,君王掩面救不得,蜀江水碧蜀山清,圣主朝朝暮暮情",

好像这个人杀贵妃是出于无奈的，反而衬托出他的多情。然而在笔者看来，一个为了自己的安全，可以抛下子孙骨肉的人（不用说抛下千万百姓），必然是一个薄情郎，一个残忍的人，哪里还值得同情！

安禄山要打进长安了。唐玄宗封锁消息，带着少数人出逃到成都，抛下众多皇亲国戚，不用说老百姓了。六军不发，要他处死杨贵妃，他自然答应，只要能保住自己，无论是谁他都可以抛弃，还有什么情可言？

这个时期，杜甫的《春望》，千百年来曾打动了多少面临国破家亡的人们：

> 国破山河在，城春草木深。感时花溅泪，恨别鸟惊心。烽火连三月，家书抵万金。白发搔更短，浑欲不胜簪。（《春望》）

"国破山河在，城春草木深。"国破家亡，而山河永在；破城遇到春天，草木照样生长，自然规律不会因时势的变化而改变。眼前的人事和永恒时空的对比，使诗人更强烈地感受到内心的荒凉落寞。

"感时花溅泪，恨别鸟惊心。"山河草木虽无情，诗人却移情于彼，使它们都变成了有情之物。花儿同诗人一样因感时而溅泪，鸟儿同诗人一样因恨别而伤心。人间深重的苦难竟然惊动了造化。

"烽火连三月，家书抵万金。"一春三月，烽火不息，所以家书难得，可抵万金。

这句实写自己与家人音讯隔绝，也概括了一个共通的道理：

战乱之中亲人的平安消息比什么都珍贵。这里杜甫将个人的感受提炼成人之常情,这两句遂成为表达人们在乱离中盼望家信的经典名句。在通讯发达的今天,是不会有如此深切感受的。

"白发搔更短,浑欲不胜簪。"最后两句,更写出忧思之深,以至使白发变疏,连簪都插不住了。

总之,这首诗声情悲苦,成为最能概括家国之恨的代表作。

这个时期,杜甫还有一首思念妻子、儿女的诗,也写得很美。在乱离中,杜甫首先想到的当然是自己的妻儿。

那天可能是中秋之夜。我们的诗人,举头望明月,忧国思家,长夜难眠。写了著名的《月夜》:

今夜鄜州月,闺中只独看。遥怜小儿女,未解忆长安。
香雾云鬟湿,清辉玉臂寒。何时倚虚幌,双照泪痕干?

"今夜鄜州月,闺中只独看。"鄜州,即今之陕西富县,在延安南面。他把妻儿安置在那儿,所以说今天闺中的妻子一定独自看着鄜州的月亮,在思念我。

杜甫喜欢从被思念的对方落笔,从对方写起。妻子在望月想我了,那么孩子们呢?

"遥怜小儿女,未解忆长安。"孩子们还小,不懂得想念爸爸。爸爸被关在长安,所以说"未解忆长安"。

"香雾云鬟湿,清辉玉臂寒。"杜甫想象妻子久久地站在月下,露水打湿了她的头发,月光照着她的手臂。杜甫在担心她的寒冷。最后一联:"何时倚虚幌,双照泪痕干?"作者思乡之情进一步升腾,什么时候我们能靠在一起,面对面地相互看着,让月光把我们的泪痕照干!

情美景美。

从这里，也可以看出，杜甫这个人特别顾家，很有家庭观念，有人说杜甫太婆婆妈妈，我以为这正是老杜的可爱处，一个连家都不爱的人，是很难爱国的。正如一个不孝敬长辈的人，不会真正地去爱别人。在这一点上，李白是远远不如杜甫的。

"麻鞋见天子"和为房琯辩护

　　杜甫冒险逃出沦陷的长安,穿着破鞋破衣,去见皇帝,终于打动了肃宗,给了他一个左拾遗的官,可悲的是,不到一个月,他就做了一件傻事——为房琯辩护。房琯打了败仗,不好好反省,还要趾高气扬。杜甫为他辩护,被皇帝疏远,这实在不理智。一个真正立下救民于水火大志的人,是不应该也不会干这样的傻事的。然而杜甫干了,他明知因房琯的失败造成极大的损失,但他还是去为房琯辩护了。不管杜甫是出于什么动机,就这一点看,杜甫决不是一个有政治头脑的人。他和李白一样,只是一个诗人。

　　杜甫有一首《述怀》诗,记录了他逃出长安,来到凤翔见肃宗李亨的经过:

　　　去年潼关破,妻子隔绝久。今夏草木长,脱身得西走。麻鞋见天子,衣袖露两肘。

　　经历了千辛万苦,杜甫终于到了凤翔——皇帝的所在,他想借件衣服,换一换衣服再去见皇帝。当时一位老臣劝他别换,就这样去。他以那副狼狈相站到肃宗皇帝面前,终于打动了肃宗皇帝。肃宗可怜他冒死投奔,为他的忠心所感动,所以,立即授予左拾遗的官职。这个官职是从八品,官不大,但是地位重要,可提不同意见和推荐人才。"天颜有喜近臣知",左拾遗既然是在皇帝身边拾遗补阙,权力当然不会小。

有一个笑话,是关于"左拾遗"的。

传说人们为纪念杜甫,曾为杜甫造了好多拾遗祠,俗人不知,称之为"十姨祠",以为里面供的是十个婆娘,可求婚配,煞有介事地焚香礼拜,叫人哭笑不得。

人们常说,"伴君如伴虎","仕途风波多",那么,以杜甫的个性,它能不能久居朝廷呢?

杜甫的命真不好,左拾遗干了没几天,就又被撤了!

事情还要从房琯说起。

房琯是杜甫的好朋友,布衣之交。杜甫做官,与房琯也有关系。房琯是玄宗旧臣,后来到了肃宗手下。为了表示忠心,主动要求出战,连打了两次败仗。他并不懂战略战术,仿用古代战车,死了几万人,还要倚老卖老,结果被肃宗定罪。本来太子党与皇帝旧臣就有矛盾,现在正好撞在枪口上。

朝廷定他的罪名是:① 率情自任,怙气恃权;② 丧我师徒。

平心而论,肃宗这样定罪,并没有错。照理,你杜甫刚刚做官,该老实一点、低调一点,完全没必要出头,卷入这个党派斗争中去。更没有必要讲义气为一个罪臣去辩护。

可是,他却站出来,打抱不平。杜甫上疏,说肃宗是小题大做。说房琯是"罪细,不宜免大臣"。被肃宗斥责后,又上书为房琯、为自己辩护。从杜甫的上疏看,他绝对是个糊涂虫。他说房琯"少自树立为淳儒,有大臣体,时论评琯才堪公辅,陛下委而相

之,臣叹其功名未就志气挫衄(音 nǜ),觊陛下弃细寻大,所以冒死称述,涉近许邀违许圣心,陛下赦臣冒死再赐骸骨,天下之幸,非臣独蒙"。

这是《新唐书》中引的杜甫的话,意思是说房琯的功劳大,罪不大,要皇上"弃小录大",不必这样认真。房琯是怎么样的人,难道皇上不清楚,用得着你来教训不成?!

你想,肃宗怎么会不生气? 你这小子刚来,就这样狂妄,简直是反了! 所以决定治杜甫的罪,要杀他,还好大臣张镐保他,说这是他"左拾遗"的职分,"左拾遗"的职责本来就是要拾遗补阙,如果处分他,今后还有谁敢说话。顾念他刚进官场,不懂利害,这才免了杀身之祸。先是留任,但肃宗对他早已没有好感了,开始疏远他。不久又放他几个月的假,让他去鄜州探亲。到后来,干脆把"左拾遗"也给撤了,去当"华州司功参军",管理地方上的祭祀、学校和选举事宜。

杜甫还在任上就发牢骚:"兵戈犹在眼,儒术岂谋生。苦被微官缚,低头愧野人。"

看看,读书不能当饭吃。还没做几天官,就在埋怨"微官缚",愿意做个"野人"了。

看来,杜甫同李白一样,根本没有基本的"政治素质"。李白保不住供奉翰林,杜甫保不住左拾遗。天天想做官,做官机会来了,却保不住。连自己都保不住,还谈什么救民于水火,还谈什么"愿为辅弼,使寰区大定,海县清一",还谈什么"再使风俗淳"!

平心而论,肃宗皇帝只是降房琯的职,而没有杀他,这样处理还是非常宽大、非常人性化的。房琯打了败仗,还摆老资格,在战乱时期,花天酒地,附庸风雅,而且还有庇护贪污犯的嫌疑。

再说,这一切杜甫不是不知道。他有一首著名的诗:《悲陈陶》，就记载了房琯指挥的这场战争：

> 孟冬十郡良家子，血作陈陶泽中水。野旷天清无战声，四万义军同日死。群胡归来血洗箭，仍唱胡歌饮都市。都人回面向北啼，日夜更望官军至。

"孟冬十郡良家子，血作陈陶泽中水。"陈陶是地名，又名陈陶斜或陈涛斜，因有泽地，又名陈陶泽，在陕西咸阳东。十郡良家子指从西北诸郡招募的子弟。

具体的背景是，至德元年（756年）十月，宰相房琯请旨带兵讨伐叛军，兵分三路，南路从宜寿（今陕西周至）、中路从武功（今陕西武功西南）、北路从奉天（今陕西乾县）一齐进军。中路和北路与贼将安守忠遭遇，在陈陶血战。房琯纸上谈兵，用古代车战之法应敌，牛车两千乘裹挟骑兵步兵前进，被敌军纵火焚烧，全军覆没，一日之内死者四万余人。当时杜甫在长安，亲眼见到叛军得胜归来的嚣张气焰，沉痛无比，便写下了这首诗，哀挽官军的惨败。

诗人并没有看见，也不可能实录大战的经过，只写了战败的后果，着意描绘了陈陶血流成河、尸横遍野的场面：初冬时节，他想象，十个郡的士兵的鲜血都变成了陈陶泽里的水。

"野旷天清无战声，四万义军同日死。"在死寂的苍天之下，旷野之上，布满四万义军的尸体。"四万义军"的巨大数字与"同日死"的短促时间合并在一句之中，与前句血化作水的形容联系在一起，强化了无数生命毁于一旦的惨剧，具有无比的震撼力。如此残酷的战争、如此荒唐的惨败，使血像水一样没有价值。

"群胡归来血洗箭，仍唱胡歌饮都市。"失去人性的群胡用血洗箭,还唱着胡歌,在城里狂歌痛饮。读到这里,简直不忍心再看下去。

"都人回面向北啼。"胡人狂歌与都人掩面悲啼的情状形成强烈的对比,更加惊心动魄地揭示出无数生灵在血泊中哀吟的惨相。所以,接着作者用极其通俗的语言说出了老百姓的心声:"日夜更望官军至。"盼星星盼月亮,盼望官军早日到来,但是,官军来了又怎么样呢?

从这首诗,我们可以看到,杜甫是完全知道房琯在这场战争中的责任的。他也应该知道房琯本是玄宗的人,明明知道还要为他辩护,还要把自己的政治前途断送,杜甫真糊涂啊!

是的,杜甫和房琯是"布衣之交",而且杜甫的提升也许有房琯的助力,杜甫是带着个人感情、带着个人报恩来做这件事的。可是这不但帮不了房琯,而且把自己的政治前程也搭在里面了。

反战和说真话

　　杜甫被后世肯定，主要在他同情人民，说出了苦难人民说不出的心声。反战是为百姓，说真话也是为了百姓。杜甫正是因为反战，为老百姓说真话，得罪了朝廷。杜甫的仕途坎坷，人生坎坷，与他的爱说真话、发牢骚的性格有关。

　　不过，杜甫之所以被贬官，还有两个原因：一个原因是一贯反对朝廷的对外方针；还有一个是如实报告了灾荒的情况。

　　首先，杜甫与上层的矛盾还体现在公然反对唐王朝的政治路线，反对唐王朝施行民族扩张政策。

　　早在安史之乱之前，唐玄宗李隆基就派出大量兵力向西北、向南扩张。结果造成国库空虚，百姓遭殃。杨国忠派了他的亲信鲜于仲通去打南诏（就是杜甫去求官的那个鲜于仲通）。对此杜甫是反对的。《兵车行》就记录了这件事。这也是杜甫不被最高统治阶层接纳的一个重要原因。

　　车辚辚，马萧萧，行人弓箭各在腰。耶娘妻子走相送，尘埃不见咸阳桥。牵衣顿足拦道哭，哭声直上干云霄！道旁过者问行人，行人但云点行频。或从十五北防河，便至四十西营田。去时里正与裹头,归来头白还戍边。边庭流血成海水,武皇开边意未已。君不闻汉家山东二百州,千村万落生荆杞。纵有健妇把锄犁,禾生陇亩无东西。况复秦兵耐苦战,被驱不异犬与鸡。长者虽有问,役夫敢申恨?且如今年冬,未休关西卒。县官急索租,租税从何出?信知生男恶,反是生女好。生女犹得嫁比邻,生男埋没随百草。君不见青海头,古来白骨无人收。新鬼烦怨旧鬼哭,天阴雨湿声啾啾!

杜甫这首诗虽然记载的是一次具体的征兵事件,却集中反映了天宝年间唐王朝多次发动边境战争所引起的一连串的严重社会问题。

"车辚辚,马萧萧,行人弓箭各在腰。"诗一开卷,那悲壮的神情和巨大的场面便令人震撼。诗人选择咸阳西边的渭桥,以这一必经的送别之地为背景,先从兵车的滚动声和战马的嘶鸣声落笔,再来了一个行人腰间的挂弓特写。

"耶娘妻子走相送,尘埃不见咸阳桥。牵衣顿足拦道哭,哭声直上干云霄!"父母兄妹们奔走拦道、牵衣顿足。漫天的黄尘、震天的哭声,夹杂着车声、马嘶、人喊,在耳边汇成一片纷乱杂沓的巨响。

作者就是通过提炼少量的最典型的细节,揭示了统治者多少次征兵所造成的百姓妻离子散的悲惨场景。

紧接着,诗歌通过与被征兵人的对话,控诉扩张的罪恶。

"去时里正与裹头,归来头白还戍边。"当兵时还是小伙子,回来时已白头。

"边庭流血成海水,武皇开边意未已。"到处在流血,血流成河,但是唐王朝还在不停地发动侵略战争。

"君不闻汉家山东二百州,千村万落生荆杞。纵有健妇把锄犁,禾生陇亩无东西。"由于战争田地都荒了,家里只有女人在种地了。

"信知生男恶,反是生女好。生女犹得嫁比邻,生男埋没随百草。"重男轻女本是传统意识,现在被打破了,变成了重女轻男。可见战争带来的心灵的创伤。

特别是结尾,更令人胆战心惊!"君不见青海头,古来白骨无人收。新鬼烦怨旧鬼哭,天阴雨湿声啾啾!"杜甫以青海边凄惨的鬼哭声与开头的人哭相呼应,以"古来无人收"的白骨作证,将眼前的生离死别与千百年来无数征人有去无回的事实联系起来,从更为高远的视角,揭示出历来统治者,为了一己之私利,穷兵黩武、危害人民的所作所为。

人们之所以把杜甫称作"诗圣",也正是因为他说出了广大劳苦百姓的心声。人民是反对战争的。杜甫与劳苦大众的命运息息相关,他真正是苦难大众的喉舌。

杜甫不被统治阶层接纳的另一个原因是反映灾情,说真话。

比如,天宝十三载的秋天,长安久雨,共下了六十多天,秋收大受影响,物价飞涨,杨国忠却挑选长得较好的谷子拿去给玄宗看,说雨水虽然多,但是没有损害庄稼。扶风郡太守房琯奏报了灾情,杨国忠便叫御史审问房琯,以后便没有人再敢说了。

可是,杜甫偏偏写《秋雨叹三首》说出真相。

杜甫写道:

阑风伏雨秋纷纷,四海八荒同一云,去马来牛不复辨,浊泾清渭何当分? 禾头生耳黍穗黑,农夫田父无消息,城中斗米换衾稠,相许宁论两相值?

"阑风伏雨秋纷纷,四海八荒同一云。"阴雨纷纷,四周茫茫一片像大海一样。

"禾头生耳黍穗黑,农夫田父无消息。"禾黍被损都已发黑,城中饥荒的消息,迫于杨国忠的淫威,受到阻隔。

"城中斗米换衾稠",一斗米可以换到一床被盖,"相许宁论两相值?"谁管它本来的价值相当不相当呢?

这样的诗,当然更得罪了杨国忠之流。你求我做官,你不听我的话倒罢了,还要诋毁我,那还有什么好果子给你吃!

中国的官场从来都是顺着上司的话说的,杜甫的罢官也是迟早的事。

终于,杜甫被贬,做了华州县吏,一个管理地方上祭祀、教育、选举的小官。

杜甫被贬做华州县吏没多久,因为灾荒,太苦,连家人都养不活,就弃官而去了。用现在的话说就是自动离职了。俸禄不要了,反正战乱时期工资也发不出。

关于杜甫为什么主动辞去华州县吏的官职,他自己也有一首诗,说得很清楚:他在《立秋后题》一诗中,写下了他弃官西行的原因:

> 日月不相饶,节序昨夜隔。玄蝉无停号,秋燕已如客。
> 平生独往愿,惆怅年半百。罢官不由人,何事拘形役。

这时的杜甫已经48岁了,他把自己比作南飞秋燕,来去自由。他想起了陶渊明"既自以心为形役,奚惆怅而独悲"的诗句。

此时此刻他忘了自己的誓言,他忘了要与当地的百姓同甘共苦共命运。他把做官说成是服劳役,他说自己头发都白了,哪能再让身心为那种劳役所苦! 于是挂冠而去。

可是他又不能真正像陶渊明那样超脱,万事不关心,独善其身。他似乎还有"大志"没完成,他还要继续"关心百姓"。

然而,《新唐书·杜甫传》对他这段经历的记载却很客观:"关辅饥,辄弃官去。"

这也是杜甫在这个时期的表现。话说得很客观,似乎没有褒贬,其实,这七个字却写出了他离职的因果关系:有灾荒,便离职。

杜甫是自私的,他也食人间烟火,和我们平常人一样,有时也会挑精拣肥,为了生存,首先要考虑自己。我们不必把杜甫神圣化。

你看,杜甫这个人,又是讲义气,又是得罪人,又要说真话,还要耍诗人脾气,遇到大难,他就逃,"夫妻本是同林鸟,大难来时各自飞",可是你是国家官员,可不能"各自飞"啊。以杜甫这样的德行,怎么能混在官场中呢?

杜甫一直到死前,才真正悟到自己不是做官的料,他说自己是"江汉思归客,乾坤一腐儒"(《江汉》)。

翻译成白话诗,那就是:啊,我不过是天地间,一个臭不可闻的读书人!

附录二:杜甫做了几天官?

统计一下杜甫一生到底做了几天官,对了解杜甫的为人和诗歌是很有意义的。

　　杜甫三次考试都落榜,后来是通过自荐及写"三大礼赋"和请求推荐,终于被朝廷任命的。

　　他第一次做官,是在天宝十四载即 755 年,被任命为河西县尉。尉是管地方治安的官,直接与百姓接触,照一般推理,一个十分关心民情的杜甫应该高高兴兴地接受才是。但事实上他推却了,理由在他的诗里说得很清楚:"老夫怕趋走,率府且逍遥。"他一是怕路远,二是怕事烦。不久,通过走门路,改任"右卫率府胄曹参军"。这是一个管武器仓库的从八品小官。杜甫接受了,他认为可以"逍遥自在"。

　　但是没过几天,他就感到厌倦,不断发牢骚:"焉能作堂上燕,衔泥附炎热?野人旷荡无靦颜,岂可久在王侯间?"接着就去奉先探亲了。估计在任上最多一个月,对武器库还没摸出个东南西北就离开了。探亲的路上,"安史之乱"发生了,路上被捕,抓到长安,杜甫后又从长安逃出,到了肃宗所在地凤翔,"麻鞋见天子,衣袖露两肘",终于感动了肃宗,被任命为"左拾遗"。

　　但是左拾遗做了不到一个月,也就是这一年的六月,出于私人的感情,他连连为犯了很大错误的房琯辩护,说他"罪小功大"不应该罢免。结果虽然没被杀,但已为肃宗所讨厌。肃宗放了他几个月的假,让他去探亲。探亲结束后,把他贬到了华州。在"左拾遗"的任上,杜甫约做了一年的官。

　　杜甫是 759 年春天回到华州,任华州司功的,司功是个管祭祀、教育的小官。这一年关中遭灾,杜甫便弃官而去逃难到秦州了。在华州任上估计做了不到三个月的官。

　　759 年,杜甫逃到成都,在成都时有一段时间严武让他做幕僚,从 766 年六七月到 767 年正月,他自己请求解除幕府职务,再回到草堂,估计也只有五个月。辞职的理由是:一、按时上下班他嫌太烦；二、不能与人相处，和同事闹矛盾。

在这同时严武还打报告，为杜甫争取到一个"检校工部员外郎"的官，这个官是个虚职，杜甫一天也没上任过。

从此以后，他漂泊到夔州，又到江陵、岳阳、溧阳，直到死去再也没有做官。

总计杜甫做官的经历，共做了六次官：

一、河西尉（未上任）；

二、右卫率府胄曹参军（一个月）；

三、左拾遗（一年）；

四、华州司功（三个月）；

五、严武幕僚（五个月）；

六、工部员外郎（虚职）。

做官的时间加起来不到两年，在官任上做的事，值得记录的是两件：一、为房琯辩护，二、推荐岑参为右拾遗，还写了几篇奏折。

杜甫为什么官做不稳、做不长？从上述经历可以得出结论，有"六不"：① 时运不佳，正好遇上安史之乱；② 不愿到边远地方去，怕苦；③ 不愿做琐碎的小事，怕烦；④ 不善于保护自己，缺乏政治智慧；⑤ 不易与同僚处理好关系，性格孤傲；⑥ 不会忍，用现代话说，就是不会等待。

总之，杜甫与李白一样，也不宜做官，他们的"崇高"只能停留在口头上。

在逃难中走向平民

　　杜甫在这一时期转辗于长安、富州、白水、洛阳、巩县、华州之间，留下了很多好诗。就是在这逃难的过程中，杜甫的思想不知不觉地起了变化，他从一个纨绔子弟，一个一心在官场混迹，而不知稼穑之苦、生活之艰的人，渐渐走近了劳苦大众。

　　这是杜甫创作的第一个高峰期。最突出的要数《北征》、《羌村三首》、《彭衙行》了。

　　有一句话叫做"国家不幸诗人幸"，意思是，当国家遭到不幸时，诗人却能创作出优秀的作品。

　　杜甫也有一句诗叫做："文章憎命达，魑魅喜人过"，前半句的意思是，命运好的人是写不出好文章的，好文章与命运好的人无缘。他这句诗是写李白的，但更是在写自己。

　　事情就是这么奇怪，杜甫的临难脱逃以及逃难受苦的经历，反而成就了一个伟大诗人。

　　苦难造就了大诗人，杜甫迎来了创作大丰收的季节。"艰难困苦，玉汝而成"，如果杜甫没经历安史之乱，没有坎坷，没有到处乞求以及处处悲辛的经历，特别是拖儿带女逃难、逃荒、逃兵的经历,那么,杜甫充其量不过是一个很一般的御用文人。从他的"三大礼赋"就可以看出他的诗作空洞无物,涂脂抹粉,娇揉造作,歌功颂德。正是苦难造就了他,而不是因为他从小"立志高远"。

可以说,杜甫每一篇好作品都得益于现实生活和个人的体验,社会越是乱,生活越是苦,他的作品就越是深刻。

经过一番周折,杜甫就在做"左拾遗"那个月(至德二载五月),因为上书援救房琯,惹怒了肃宗,差点没被砍掉脑袋,幸亏张镐保举,这样才保住了他的脑袋。不过,虽免去一死,但肃宗从此已讨厌他了。在国家命运的关键时刻,让他去鄜州探亲,让他走得远远的,就等于说你并不重要。然而,这倒给了杜甫一个机会,让他更深入了民间,写出了《羌村三首》、《北征》和《彭衙行》等名作。

《羌村三首》第一首:"峥嵘赤云西,日脚下平地。柴门鸟雀噪,归家千里至。"太阳快下山的时候,杜甫紧赶慢赶终于来到了家门口。木板门外的鸟雀唧唧喳喳的好像在欢迎这千里之外来的客人,妻子猛抬头看到我,一下子愣住了,"妻孥怪我在",你还活着啊! 我以为你死了! 战乱时间,人们分别几个月,音讯不通,便会想到生离死别。"惊定还拭泪",心情恢复常态,确定眼前不是梦以后,便哭了起来。

"世乱遭飘荡,生还偶然遂。"乱世中,能活下来是偶然的。这个夫妻见面的场景,写得十分传神。

这时邻居们听到,他们家的主人回来了,都纷纷扒在墙头观看。"邻人满墙头,感叹亦唏嘘。"一面看一面叹气,一面也陪着流泪,这年头能活着回来已是最大的幸运了。

"夜阑更秉烛,相对如梦寐。"夜深了,人们走了,夫妻两人点

了一支蜡烛,你看看我,我看看你,都不相信这是真的,还以为在做梦呢。

第二首是写回家后和孩子的感情交流:"娇儿不离膝,畏我复却去。"意思是孩子们都围着我,不肯走开,怕我再离开。还有一种说法,说杜甫回家因为百忧丛生,面色不悦,以至绕膝的娇儿都看了出来,不觉畏惧退走。全篇不说所忧为何,只是借娇儿的察言观色和旧地重游,反复抒写无法排遣的愁苦。

第三首是"群鸡正乱叫,客至鸡斗争。""驱鸡上树木,始闻叩柴荆。"

第二天,杜甫正在家里和孩子谈笑,突然听到门口的鸡乱叫乱飞,接着又听到有人敲门,原来是朋友们听到杜甫回来了,备了酒菜来与他小聚。柴荆就是用柴禾荆条编的门。

"父老四五人,问我久远行。""手中各有携,倾榼浊复清。"来了几个老者,手中都拿着礼物,有的拿酒,有的拿一块肉,有的拿菜,有的背一点米,慰问他,一见面就倒酒,有清的,有浊的,有的寒喧"你别嫌这酒味不好,田里没人去耕种了"。

"兵戈尚未息,儿童尽东征。"孩子们都去打仗了,实在拿不出好东西了。喝着喝着,杜甫激动起来说,还是让我为你们唱一首诗吧,诗还没有完,终于忍不住仰天大哭起来。

"四座泪纵横",满座的人听了这歌诗,都老泪纵横。

朋友们走了,这天夜里,杜甫想起了一路见闻,想起家里的遭遇,想起朋友的苦难和深情,想起玄宗逃跑,想起自己被斥,想起国家面临的危机,想起天下人正在受苦受难,他心潮起伏,无法入眠,终于翻身起来,奋笔疾书,写了长诗《北征》。

《北征》,共有七百字,全面总结当前形势,并提出自己的看法。"北征"就是向北走,鄜州在凤翔的北面,他从凤翔回家探亲,所以叫"北征"。《北征》写作的目的是:一方面根据自己的亲身见闻写出人民的真实生活状况,以此来唤起唐肃宗的密切注意;另一方面发表自己对借用回纥的军队来平叛的意见,以提高唐肃宗的警惕。杜甫这时还是一个谏官,这首诗便是他的谏草,格式也很像奏议。全诗可分为五大段落,但其间却贯穿着对国家、百姓、自己命运的忧虑。

诗一开头写道:"皇帝二载乱,闰八月初吉,杜子将北征,苍茫问家室,维时遭艰虞,朝野少暇日,顾惭恩积被,诏许归蓬荜。"这是记载历史的笔法,某年某月某日某时做了些什么事。用的是大臣给皇帝上章奏的格式。他似乎是写给皇帝看的,希望有朝一日能让皇帝看到,明白他的苦心。所以先感谢皇帝在此时势艰难、朝野繁忙之时,特许自己探亲,诚惶诚恐,不胜感愧。"诏许归蓬荜"就是说此行是奉了皇帝的特许回家探亲的。文字里还暗藏为房琯之事辩解。这一小节,公心、私情一齐迸发,成为全篇纲领,微言大义。

"挥涕恋行在,道途犹恍惚。"我虽然离开了,但流着眼泪,想着皇帝,"行在"指皇帝,所以走在路上恍恍惚惚。

"乾坤含疮痍,忧虞何时毕!"想到天下乾坤一片疮痍,百姓在水深火热之中,内心的忧虑何时能平静呢!

第二部分描绘北征路上的所见所感,具体写出满目疮痍的情况:"靡靡逾阡陌,人烟眇萧瑟。所遇多被伤,呻吟更流血。回首凤翔县,旌旗晚明灭。"一路行来,耳听伤者呻吟,目睹人烟萧瑟,旅途寂寞,环境险恶,一步三回头,心系朝廷,仿佛看到皇帝所在的凤翔,旌旗在日光中飘动。

"猛虎立我前,苍崖吼时裂。"道路险恶,气氛压抑之极,可怖

的苍崖像虎狼那样站着,又像在虎狼那样的吼声中裂开。

"夜深经战场,寒月照白骨。潼关百万师,往者散何卒。"夜深经过战场,冰冷的月光照着满地白骨,令人想起潼关惨败的景象。这就与本段开头白天所见的伤者形成呼应,以流血的呻吟和寒冷的白骨概括了沿途满目疮痍的凄惨景象。

第三部分写与家人团聚时百感交集的心情:"经年至茅屋,妻子衣百结。平生所娇儿,颜色白胜雪。见耶背面啼,垢腻脚不袜。床前两小女,补绽才过膝。"妻子儿女衣衫褴褛,个个脸色苍白,见到我就背过脸去哭泣。

第四部分是议论当前形势。"仰观天色改"四句用象征手法以天时比喻局势的转变。"仰观天色改,坐觉妖氛豁。阴风西北来,惨淡随回纥。"当时朝廷向回纥借兵,来对付叛军。杜甫对此有不同见解,暗示朝廷借兵回纥将酿成新的动乱。后来的事实也证明杜甫的看法是有远见的。

最后一部分通过古今对比,肯定了朝廷除去奸臣祸根的意义,阐明了第一部分所说"恐君有遗失"的主题思想,同时也隐含着对玄宗和肃宗父子、两代皇帝的批评和希望。

"园陵固有神,扫洒数不缺。煌煌太宗业,树立甚宏达。"诗人的思绪几起几落之后,在篇终达到高潮,以振兴太宗宏业的远大展望结束了全诗。

杜甫还有一首记录逃难经过的诗,写得十分细腻、精彩。那就是他的《彭衙行》:

忆昔避贼初,北走经险阻。
夜深彭衙道,月照白水山。

这四句是交代逃难时见到的情景:夜深路险,月光照着"白水"一带的山山水水。

> 尽室久徒步,逢人多厚颜。
> 参差谷鸟吟,不见游子还。

全家都是徒步行走,见了人便"厚颜无耻"地乞讨。

> 痴女饥咬我,啼畏虎狼闻。

女儿饿得无法忍受了,拼命地咬我,我只能用虎狼去吓唬她。

> 怀中掩其口,反侧声愈嗔。

在怀里捂住她的嘴,可是她哭得更厉害了。

> 小儿强解事,故索苦李餐。

小儿子装得很懂事,摘了路边的苦李让他吃。

> 一旬半雷雨,泥泞相牵攀。

十天里倒有一半时间在下雨,我们在泥泞的路上互相拉着行走。

> 既无御雨备,径滑衣又寒。

既没有雨具,衣服又单薄。

· · · · · · · · · · ·

　　故人有孙宰,高义薄曾云。

一个叫孙宰的老朋友,真是重情义。

　　延客已曛黑,张灯启重门。
　　暖汤濯我足,剪纸招我魂。

带着灯打开门,烧了开水让我们洗脚,还剪了纸为我们招魂。

　　从此出妻孥,相视涕阑干。
　　众雏烂漫睡,唤起沾盘飧。

让妻子出来相见,感谢他的恩德。孩子甜甜地睡了,把他们叫起
来吃饭。

　　誓将与夫子,永结为弟昆。

我对老朋友说,我发誓永远和你结为兄弟。

　　遂空所坐堂,安居奉我欢。
　　谁肯艰难际,豁达露心肝。

谁能在这样的情况下腾出房子,帮助别人,真可谓是披肝沥胆。

何当有翅翎,飞去堕尔前!

什么时候,我能有一双翅膀,随时飞到你的身旁。

这可以说是一封逃难中给恩人的感谢信。一个人在艰难时得到别人的帮助,这种感激之情是可以理解的。然而,就是在这逃难的过程中,杜甫不知不觉地起了变化,他从一个纨绔子弟,从一个一心在官场混迹,而不知稼穑之苦、生活之艰的人,渐渐走近了劳苦大众,最后成了劳苦大众的一员。他最终成了一位最懂劳苦大众苦难的诗人。

附录三:覆盆之下　岂有完卵?
——我读"三吏"、"三别"

公元758年,杜甫从"左拾遗"降职为华州司功,他从长安出发去洛阳、去偃师陆浑山庄,去探望弟弟们,然后返回华州,一路上见到战火给人民带来的苦难,写了有名的组诗"三吏"、"三别"。

这时,安史之乱尚未平息。官军损失惨重,需要大量补员,于是围绕增兵拉夫发生了无数的家庭悲剧。杜甫加以提炼,真实地记录了当时人民的生存状态。

因为这"三吏"都是写"征兵的差役来抓夫",作者与百姓的对话,所以用一个"吏"字作标题。

"三吏"又是依作者西行路线新安—石壕—潼关为顺序,所以它的先后次序应该是《新安吏》、《石壕吏》、《潼关吏》。

"三别"不知孰先孰后,依境遇之悲惨程度排序、命名,分别为《新婚别》、《垂老别》、《无家别》。

这是杜甫作品中最优秀的部分,带有"史诗"般的性质,其形式在中国文学史上也具有首创性。

现在我们就这六首诗一一进行简单的评析。

《新安吏》讲了一个成年男子抓完了，正在抓不成年的孩子的事件。

新安在函谷关一带，诗一开头说，"客行新安道"，这个"客"，自然是指杜甫自己，下面的一切都是他亲眼所见，亲耳所闻，如实记录。诗的前半段通过他与新安吏的对话，写地方官吏征兵所造成的惨相。男孩不满十八岁，便被征去当兵，家境富裕点的有母亲来送别，那无依无靠、身体瘦弱的孩子，孤零零地站在那里，天黑了，那青山和白水也仿佛回响着分别时的哭声。

面对这种情形，诗人劝慰送行的人们说，别哭了，就是哭干眼泪，只剩下骨头，他们也不会理你的。"天地终无情"五个字，是何等无奈。

接着是后半部分，诗人进一步劝慰，孩子去打仗，也是为了保太平，仆射郭子仪待部下还算亲和，挖战壕，放马的活也不算太重，希望早日平乱孩子能回来团聚。

这虽说是空洞的劝慰，但也只能如此。杜甫知道总要有人去当兵，总要有人上前线，郭沫若在《李白与杜甫》一书中说，这是为"祸国殃民的统治者推卸责任"。请问，难道要杜甫振臂一呼，号召父老乡亲拿起棍棒帮助安禄山与官军对着干不成？

《潼关吏》：

> 士卒何草草，筑城潼关道。
> 大城铁不如，小城万丈余。
> 借问潼关吏："修关还备胡？"
> ……

从新安到潼关,从洛阳到长安,杜甫看到士兵在筑城修关,潼关吏便与之进行了一段关于防守的对话。

特别是在最后,要他们吸取哥舒翰失败的教训,这也反映出他渴望早日统一、平叛内乱的心情。安史之乱前天下太平,生活富裕,米价每石不到二百钱,人行万里不用带武器,杜甫在《忆昔》一诗中说"忆昔开元全盛日,小邑犹藏万家室。稻米流脂粟米白,公私仓廪俱丰实……"现在百姓这么苦,都是战乱分裂惹的祸。

杜甫要求统一要求平叛是人心之所向,是顺乎国情民意的。

《石壕吏》这首诗完全是白描,像一出独幕剧,诗人完全没有议论却让读者如同亲眼看到了因战争、因征兵给民众带来的苦难。独幕剧闭幕后,人民还能听到"悲惨的哭泣声"。我们不妨一句一句作点说明。

"暮投石壕村,有吏夜捉人。老翁逾墙走,老妇出门看。"有一天,杜甫到一个叫石壕村的地方去投宿,正好碰上差役去抓人。一听见敲门,这家人的老头翻墙走了,而老太去开了门。

"吏呼一何怒!妇啼一何苦!"那差役气势汹汹,老太叫苦不迭,上前求他说,我家有三个男孩都当兵去了,一个孩子来信说,两个兄弟都刚刚战死了。活的人还在苟且偷生,死的人已长眠地下。

那个差役说不行。老太只好再求,"室中更无人,唯有乳下孙"。我们家真没人了,只有一个吃奶的孙子,因为有孙子,所以他母亲还没离去,可是进进出出已没有完整的衣服了,"有孙母未去,出入无完裙"。

差役说,不行,就是不行!老太终于忍不住豁出去了,说:

"老妪力虽衰,请从吏夜归。急应河阳役,犹得备晨炊。"那么这样吧,我老太婆虽然没力气,还可以给你们做饭,就让我跟你们去吧!

"夜久语声绝,如闻泣幽咽。天明登前途,独与老翁别。"老太终于被抓走了。只听见有人在哭,谁在哭?屋里只有他的媳妇,肯定是媳妇抱着孩子抽泣。天亮前老头回来了,我只好与老头告别! 这是多么凄惨的一幕啊!

如果说"三吏"是通过几个"吏"的角度来看这个社会,那么,"三别"则是通过"别"来反映人民的苦难。

《新婚别》是写一对刚结婚的新婚夫妻,连席子还来不及睡暖,就要送丈夫"赴死"了,妻子自然痛断肝肠,但是还是勉励丈夫努力打仗,并告诉丈夫会永远等着他回来。

郭沫若说,这个故事"不够真实",他抓住其中两句话"父母养我时,日夜令我藏"。说"贫家女"不可能藏在闺房里的。我们不禁要问,难道只有"富家女"才是父母的宝贝? 如果杜甫把"贫家女"改成"富家女",就不悲惨了吗?

《新婚别》的最后,新娘勉励丈夫去杀敌的情节值得深思。为了国家,应该上战场,为了家庭应该鼓动他们抗拒拉夫,这个矛盾,杜甫是无法解决的。

《垂老别》是写一对老人。子孙都战死了,只剩下孤苦伶仃的老夫妻,现在又轮到老人上前线,老人除了还有几颗牙齿外,浑身的骨髓都被榨干了,"幸有牙齿存,所悲骨髓干",老夫老妻互相叮咛,生离死别,催人泪下。

《无家别》写的是战士因败阵逃回来,家中无一个亲人,只见巷子里空空荡荡的,只有邻家一两个年老的寡妇活着,只有孤独的野兔在窜伏。春天来了,这个返乡的孤独的士兵,刚要"荷锄""灌畦"去干活,想不到又被官府抓去服役了,没奈何,只能再次告别已没有亲人的家园,发出一声长长的哀叹,"人生无家别,何以为蒸黎",一个人到了连家都没有了,还怎么做黎民百姓?

郭沫若承认"这首诗可能是六首中最好的一首",但又批评杜甫没有给出解决问题的答案。

"三吏"、"三别"是比较完整、集中地描绘了安史之乱时期广大人民生活的苦难,农村破产田园荒芜,青壮年乃至老人被征丁,战死在沙场上的情景。很明显,杜甫是站在苦难百姓的立场上,站在一个有悲悯情怀的知识分子的立场上来写这些作品的。可惜被某些人说成是站在"地主阶级的立场"上的,"廉价的同情",是"为地主阶级服务"的。

郭沫若还说:"这六首诗中所描绘的人民形象无论男女老少,都是经过严密的阶级滤器所滤选出来的驯良百姓,驯善得和绵羊一样,没有一丝一毫反抗情绪。这种人民正合乎地主阶级、统治阶级的需要,是杜甫理想化的所谓良民。"(《李白与杜甫》)

杜甫是反对造反的,然而,在当时,人们对农民造反与盗贼的界线是划不清也不可能划清的。杜甫有两首诗曾经反对过吴越一带的"动乱",主张镇压,他说"安得鞭雷公,滂沱洗吴越"(《喜雨》),"绿林宁小惠,云梦欲难追。即事经尝胆,苍生可察眉"(《夔府书怀》),这正是基于他对"动乱"给百姓带来苦难的现实,基于对劳苦大众的同情,所作的判断,这也是他在切身经历中所体会到的,在他看来,也许没有比这个更好的选择了。

当然,对于那些造反的人们,杜甫也是有同情心的,他说"不过行俭德,盗贼本王臣"(《有感》),然而同情是一回事,为了整个

国家的安宁,百姓生活的安宁,主张镇压又是一回事,因为在这两难的情况下,是无法有别的选择的。那个时代只有做良民和暴民两种选择。大家做良民,安史之乱不会发生,社会不至于动荡,"三吏"、"三别"的悲剧也不会产生。毕竟老百姓在太平时期要比动乱时期好得多。

因为动乱,无论是安史之乱,还是吴越之乱,给社会造成的只有祸害,遭殃的只有人民,所谓覆盆之下,岂有完卵,人民是不希望"覆盆"的。

只有李白才会公然写出"沧海不震荡,何由纵鲲鹏"的不负责任的诗句。

诗仙与诗圣

一般都认为李白和杜甫是一对好朋友,是中国诗坛的双子星座。说他们是双子星座,这没错,但要说是生死之交,那还需要推敲推敲。

从现存的诗歌看,杜甫是李白的粉丝。而李白,却对他并不敬重。李白与杜甫,是诗友、文友,是玩伴,但并非患难之交,更不是生死之交。

在年轻时代,杜甫与李白确实有一段"热恋式"的交往。不过这种交往主要还是喝喝酒,打打猎,赌赌博,游山玩水,然后写写诗,是酒肉朋友,或者说同时又是诗友、文友,杜甫确实敬佩这位老大哥,但远不是生死至交。

李、杜相遇时,李白44岁,杜甫33岁,比李白小十一岁。他们相遇时,一个刚被逐,一个刚落第,惺惺相惜,一见如故。杜甫靠他祖上积德,父亲做官,手头有钱。李白口袋里也有钱,那是玄宗赐给他的。

醉舞梁园夜(在开封),行歌泗水春(在山东)。

剧谈怜野逸,嗜酒见天真。

在此期间他们又遇到了大诗人高适,便一起打猎豪饮,一起北渡黄河,一起登王屋山去拜访道士华盖君。不料华盖已死,他们终身以为憾事。

忆与高李辈,论交入酒垆。……气酣登吹台,怀古观平芜。

昔者与高李,晚登单父台,寒芜际碣石,万里风云来。

杜甫后来回忆过这一段形影不离的日子。真是有酒同醉,有景同赏,有被同盖,携手同行,亲如兄弟。

余亦东蒙客,怜君如兄弟;醉眠秋共被,携手日同行。
(杜甫《与李十二白同寻花十隐居》)

不过,他们在一起的时间很短,前后不过一年多一点。不像我们与一些人同事多年,甚至相交一辈子。从这个意义上说,他们不过是萍水相逢。李、杜在这一年中相遇的次数也屈指可数。后来他们终于分别了。之后再也没有相见。

从现存的诗歌看,杜甫是李白的粉丝。杜甫很赏识李白的天才,差不多在他每首有关李白的诗里都会提到。春天里杜甫写《春日忆李白》:

白也诗无故,飘然思不群。清新庾开府,俊逸鲍参军。

渭北春天树,江东日暮云。何时一樽酒,重与细论文。

庾开府指的是庾信,鲍参军指的是鲍照,都是李白所喜欢的南北朝时期的诗人。渭北是杜甫所在地,李白当时在江东。

"何时一樽酒,重与细论文。"这句话很有意思,字面上说,要与李白讨论诗文,其实是在说,他与李的意见是不完全相同的。

杜甫经常想念李白,做梦也常梦见他:

死别已吞声,生别常恻恻。故人入我梦,明我长相忆。

并且还在别人面前赞李白:

昔者有狂客,号尔谪仙人。笔落惊风雨,诗成泣鬼神。

不过杜甫也不是一味吹捧,他曾以小弟弟的身份规劝过李白:

秋来相顾尚飘蓬,未就丹砂愧葛洪。痛饮狂歌空度日,飞扬跋扈为谁雄。

不过有人说,这首诗不是劝李白,而是他们两人在一起的生活合影,是自嘲。我则同意后一种说法。

即使如此,也能看出杜甫对过去那种痛饮狂歌,飞扬跋扈生活的内疚和反省,而李白是不大会有这种内疚和反省的。

相反,对杜甫的批评李白一句也听不进去,反而嘲笑、挖苦杜甫:

　　饭颗山头逢杜甫,头戴笠子日卓午。借问因何太瘦生,
总为从来作诗苦。

　　杜甫是苦吟诗人,"语不惊人死不休";李白写诗是兴至笔
随。所以他讽刺杜甫,说你这样苦苦地写诗,把人都写瘦了,活
着还有什么意思!
　　玩笑归玩笑,但从中还是可以看出,李白对杜甫也是不甚满
意的,他总觉得杜甫有点酸气。读李、杜的诗集,会发现一个有
趣的现象:杜甫写李白的诗多,李白写杜甫的诗却寥若晨星!
　　很多专家说李白看不起杜甫,不是没有道理的。杜甫毕竟
是个儒生,有点酸味,有点迂,而李白从骨子里是反儒的,所以他
与杜甫在根本上就有差别,差别就是矛盾。
　　我们前面说了,李白、杜甫交往的时间不过一年多,从公元
744 年到 746 年,他们分开后,就再也没见过面。后来李白因为
入狱,几乎发疯,当时人都认为李白该杀,杜甫却写诗为他惋惜。
不过,下面这首诗值得我们好好推敲。

　　不见李生久,佯狂真可哀。世人皆欲杀,吾意独怜才。
敏捷诗千首,飘零酒一杯。匡山读书处,头白好归来。

　　从诗里看,杜甫只肯定他有诗才:"敏捷诗千首,飘零酒一
杯。"杜甫并没有为他的罪辩护,也并未否定李白该杀,也许他也
认为该杀。所以他只说"吾意独怜才"。并劝他如果有可能的
话,还是回到家乡大匡山,去读点书吧,不要再胡闹了。"佯狂真
可哀",是说不要再装疯卖傻了。这句话也透露了一个信息:李
白当时已经疯了,或者至少在装疯了。

我们今天看李白,只看到他的诗歌,那样的充满豪气,那样令人振奋,这是因为有了距离,距离产生美。但如果我们试图回到他那个时代,或者反过来把李白放到我们这个时代,将是如何? 我们将获得历史的现场感,我们将会感到李白这个人虽然才气横溢,但并不怎么让人喜欢,甚至有些让人讨厌。他狂妄自大,而且投奔叛贼,是个十恶不赦的"反革命分子"。对此,作为一个儒生,杜甫也不能为他辩护,也不得不承认"世人皆欲杀",只能说他的敏捷诗千首,才华盖世,诗写得好,所以"我意"只是"独怜才"而已。

更耐人寻味的是,李白死后,杜甫再也没有写一首诗,也没有写一篇文章悼念他。他曾经为很多人写过悼诗悼文,甚至不是朋友他也写。李白死于公元 762 年,杜甫死于公元 770 年,在漫长的八年多时间里,杜甫不可能得不到李白死的消息,可是他再也没有提起李白。高适死了他悼念,郑虔死了他悼念,苏源明死了他哭之,严武死了他哭之,房琯死了他更是大哭,还写了祭文,杜甫的诗集里有关悼念的诗文不计其数,可是他偏偏不悼念李白! 这难道是偶然的吗? 也许,杜甫觉得,李白自有他自己的价值,不必他再说什么了,这真是:"千秋万岁名,寂寞身后事。"

附录四:重读《李白与杜甫》

我在 1972 年初,读到郭沫若的《李白与杜甫》这本"奇书"。据说因为某人喜欢三李:李白、李贺、李商隐。特别是因为李白曾骂过孔子,说过"我本楚狂人,凤歌笑孔丘",于是,被"封"为"法家"。于是在"崇法反儒"的"文革"时期,李白被捧上了天,而杜甫却受到了严厉的批判。

读那本书,当时一面觉得很有新见,一面又怀疑有些地方不免牵强附会。时隔35年,我重新阅读这本书时,更有一种啼笑皆非的感受。

首先,是觉得郭沫若以是否骂过孔子,是否讽刺过儒家为划分儒和非儒的标准就十分可笑。李白固然嘲笑过孔子,杜甫也调侃过儒生,而且挖苦得更利害,请看下面的诗句:

天下尚未宁,健儿胜腐儒。(《草堂》)

兵戈犹在眼,儒术岂谋身?(《独酌成诗》)

纨袴不饿死,儒冠多误身。(《奉赠韦左丞丈二十二韵》)

江汉思归客,天地一腐儒。(《江汉》)

先生早赋归去来,石田茅屋荒苍苔。
儒术于我何有哉?孔丘盗跖俱尘埃。(《赠广文馆博士郑虔》)

在杜甫的笔下,"儒"常和"腐"连用。他常抱怨"儒术"无用,自嘲才华胜过屈原、宋玉,而只能眼看那些会钻营的人"甲第纷纷厌粱肉"。他甚至把孔子与盗跖相提并论,说他们最终都将是归于尘土,没什么好坏可分!

其实,他们的嘲笑、挖苦、讽刺都不过是因为仕途不顺,处境困顿而发的牢骚罢了。有什么"儒法之争"可言呢?

　　其次,郭沫若过去一直是"扬杜"的,50年代,郭沫若给杜甫成都草堂写了一副对联,上联是"满目疮痍,诗中圣哲",下联是"民间疾苦,笔底波澜"。上联肯定他是"诗圣",下联肯定他作品的艺术成就。无论上下联都强调了杜甫对人民疾苦的关心。1962年,是杜甫诞生1250周年,郭沫若在纪念活动开幕式上说:

　　　　我们今天在纪念杜甫,但我们相信,谁也会联想到李白,李白和杜甫是像兄弟一样的好朋友。他们在中国文学史上的地位就跟天上的双子星座一样,永远并列着发出不灭的光辉。(《诗歌史中的双子星座》)

　　曾几何时,他的态度来了一个大转变,发表了与之前完全相反的意见:

　　　　以前的专家们称杜甫为"诗圣",近时的专家们是称为"人民诗人"。被称为"诗圣"时人民没有过问过,被称为"人民诗人"时,人民恐怕就要过问个所以然了。(《李白与杜甫》)

　　郭似乎完全忘了自己刚说过的话,把自己划在"以前的专家和近时的专家"之外,这时郭笔下的杜甫不再是关心"民间疾苦"的诗圣了,而是:"站在地主阶级立场,统治阶级的立场,而为地主阶级、统治阶级服务的。"(《李白与杜甫》)
　　即使是杜甫的"三吏"、"三别",此刻在郭的眼里也充斥着糟粕:

诗中所描绘的人民形象,无论男女老少都是经过严密的阶级滤器所滤选出来的驯良老百姓,驯善得和绵羊一样,没有一丝一毫的反抗情绪,这种人正合乎地主阶级、统治阶级的需要,是杜甫理想化了的所谓良民。

第三,郭在《李白与杜甫》中还断言:"杜甫的生活,本质上是一个地主生活。他有时也穷,但是属于例外。"(《李白与杜甫》)

正因为如此,杜甫的思想意识也就不可能是非地主的,他对人民的同情也只能是假心假意了。诚然,比起更为底层的百姓,杜甫的生活也许是好一些,因为他毕竟有为官的亲友,有仰慕他的粉丝的眷顾、馈赠,他在家乡有祖传的土地、老屋,在成都有草堂,在夔州有庄园,还有奴仆。

为了说明杜甫有"赤裸裸的一种地主的心理",郭甚至不惜把杜甫关照弟弟"照顾好鸡鸭,关好柴门"的诗句也都上纲上线,说成是地主阶级吝啬的本性。

那么,杜甫生活到底过得如何呢?

不错,杜甫家有田有地,有祖传的产业,有父亲的俸禄。但他的基本生活状态是清楚的。诚然,杜甫在求人帮助时,用语有些夸张,他喜欢哭穷,但也并不富裕。

《新唐书》说:"甫少贫,不自振,客齐赵,吴楚间。"这是相对一般仕宦人家而言的。他虽然出外游学,但并不是很富有。

自从父亲杜闲死了以后,他的经济状况开始拮据了。

杜甫一生不善治生,为官时间极短,而且在动乱中,俸银无法保证,他从华州弃官而去,就可说明他为官的经济状况。

他的孩子曾因饥饿而死,他自己不得已而去设摊卖药。

他几乎半生在流浪逃难,在漂泊的路上尝尽了人间的苦难辛酸。

他的那些记叙人民苦难的诗篇与其说是为他人而作,不如说是自己艰难生活的写照。

在如此动乱的社会中,还要以"阶级成分"来划分生活的状态,实在是很好笑的。这好比在土改后用阶级成分来划分贫富的差别。

其实最能切实反映杜甫生活的是他的诗篇,我们不妨引几句在下面:

朝扣富儿门,暮随肥马尘,残杯与冷炙,到处潜悲辛。(《奉赠韦左丞丈二十二韵》)

二年客东都,所历厌机巧。
野人对膻腥,疏食常不饱。(《赠李白》)

入门闻号眺,幼子饿已卒,吾宁舍一哀,里巷亦呜咽。所愧为人父,无食特夭折,岂知秋禾登,贫窭有仓卒。(《自京赴奉先》)

经年至茅屋,妻子衣百结……平生所娇儿,颜色白胜雪,见卿背面啼,垢腻脚不袜。(《北征》)

岁拾橡栗随狙公,天寒日暮山谷里。
中原无书归不得,手脚冻皴皮肉死。(《问答七歌之一》)

　　长镵长镵白木柄,我生托子以为命。黄独无苗山雪盛,短衣数绝不掩胫。此时与子空归来,男呻女吟四壁静。(《问答七歌之二》)

　　不炊井晨冻,无衣床夜寒。(《空囊》)

　　这些写于各个时期的诗歌,真实地记录下杜甫的生存状态。一个长期食不果腹,四处乞讨为生的人,而说他过着地主生活,实在失之于理了。

转辗在死亡线上

公元 759 年,是杜甫转辗最频繁的一年。用他自己的话说是"一岁四行役",这年二月从偃师到东京洛阳,不久又从东京洛阳到华州,又从华州弃官到秦州,十月离开秦州到同谷,十二月底到成都。一路上历尽千辛万苦。好在杜甫每到一地,都写诗记录,诗几乎成了他的日记。

这一年也是杜甫一生中最苦的阶段,几乎时时有饿死、冻死的可能。

公元 759 年,是杜甫拖儿带小,转辗最频繁的一年。用他自己的话说是"一岁四行役"。

这年二月从偃师到东京洛阳,不久又从东京洛阳到华州,又从华州弃官到秦州,十月离开秦州到同谷,十二月底到成都。

一路上历尽千辛万苦。几乎随时都有冻死、饿死、遭不测而死的可能。杜甫每到一地,都写诗记录,诗几乎成了他的日记。从这些诗句中我们可以窥见杜甫的苦难经历和心路历程。

杜甫好端端在华州做司功,为什么一定要离开呢?虽说"关中大饥",但百姓也许会饿死,做官的总不至于饿死;虽说有战乱,但这正需要你当官的出来维持局面,怎么说走就走呢?何况

走未必比留下更好。一个自命为有大志向的人,怎么在百姓最需要你的关键时刻就走了呢?

也许上帝要安排一个反映安史之乱时期唐朝现实生活的诗人,他便选中了杜甫。于是,杜甫命中注定就要漂泊,直至他在漂泊中死去。

从华州到秦州,他写了杂诗二十首。

> 满目悲生事,因人作远游。迟回度陇怯,浩荡及关愁。
> (《秦州杂诗》)

意思是满眼都是为了生活奔波的百姓,我因为那边有亲友,所以决定去远游。他把逃难说成是远游,也颇为滑稽。

有一次投亲,亲戚给他住的房子是破房子,而且好久没人住了。他看到了这样的情景:

> 蚯蚓上升堂,狐狸对我立。

桌子上、凳子上、床上,到处是蚯蚓,狐狸看到我也站立起来了,对着我看。不过,起先还算好,毕竟还有吃的。

而从秦州出发,他遇到了更多的困难。

"我衰再懒拙,生事不自谋。"在这一点上杜甫是很有自知之明的。他说自己一向懒于体力劳动,身体又不好,动作又笨拙。对穿衣做饭之类的事不会干,也不会赚钱养家。

> 无食问乐土,无衣思南州。

没吃的了，就去找乐土；没穿的了，就去南州。也就是说去求别人。

"汉源十月交，天气凉如秋。"现在没人可求了，天气又一天天凉下来。不过还好："充肠多薯蓣，崖蜜亦易求。密竹复冬笋，清池可方舟。"（《发秦州》）

总算还有山药可吃，还可以去偷野蜜蜂的蜜。不但如此，这里风景还不错，水很清，还可以乘舟去游玩。

可是随着时间的推移，可怕的情况就出现了。

> 熊罴咆我东，虎豹号我西，我后鬼长啸，我前狨又啼。天寒昏无日，山远道路迷。（《石龛》）

晚上到处是野兽、野鬼。天昏地暗天寒地冻，山路又远，不知向哪里走。

一天，杜甫实在太饿了，孩子们更饿得厉害，他想买点东西，但一掏口袋，只剩下一分钱了。于是写了《空囊》一诗自我调侃。这首诗一般读者也许不太注意，但笔者觉得很好玩，体现了杜老先生少有的黑色幽默。他在同口袋"说话"：

> 翠柏苦犹食，明霞高可餐。世人共鲁莽，吾道属艰难！不爨井晨冻，无衣床夜寒。囊空恐羞涩，留得一钱看。

第一句从自我安慰说起："翠柏苦犹食，明霞高可餐。"绿油油的柏树还可以吃，天上的彩霞这么高，可不能充饥。

"世人共鲁莽，吾道属艰难"，现在世道是那么乱，我的生活就更艰难了。"不爨井晨冻，无衣床夜寒。""爨"（音 cuàn）这个

字很有趣，上面是锅盖，下面是灶台，再下面两个木，表示木柴，最下面便是大火。这个字就是烧饭的意思。这句诗是说我早已揭不开锅了，没东西烧早饭也就不必到井里打水了，反正井水早已结了冰。夜夜睡觉没衣服穿，更没有被子，要熬过这漫漫长夜多么难啊！

最后，他只好自己幽默一下，对着口袋说：口袋啊口袋，我再穷，里面总要放上一分钱，这一分钱再也不能花了，否则连你口袋也太没面子了吧。"囊空恐羞涩，留得一钱看。""囊中羞涩"这个词就是这么来的。这真是含着眼泪作苦笑状。在逃难中，他还有一首《病马》诗，写得特别辛酸。杜甫一路走一路叹，拖着女儿，抱着小儿子，后面还跟着背着破旧铺盖的妻子！

一天，杜甫实在走不动了，他便想象自己是一匹重病的瘦马，走不动，就歇下来吧。杜甫心里压抑不住情感，提起笔来写道：

乘尔亦已久，天寒关塞深。尘中老尽力，岁晚病伤心。
毛骨岂殊众，驯良犹至今。物微意不浅，感动一沉吟。

真是声声泪，字字血！"乘尔亦已久，天寒关塞深。"老马啊老马，你被他人骑这么久了，现在天这么冷，关塞又那么远，你怎么还在走啊！

"尘中老尽力，岁晚病伤心"，你又老，又乏，又冷，又病，天又黑了，不知道路在何方？"毛骨岂殊众，驯良犹至今"，你是那么的老实驯良，吃苦耐劳，可是你也是肉做的呀！你的骨头也并不比别人硬多少啊！你怎么承受得了这样的苦啊！

最后两句"物微意不浅，感动一沉吟"，你的命运虽不好，出身虽然卑贱，可是你的情分却不浅，连我老杜也被你感动得连连叹息啊!

其实,杜甫是在同自己说话,等于是说杜甫啊杜甫,你的所作所为真使我感动啊!

那一天,他们来到了同谷,在同谷这段日子真是苦到了极点。此时此刻杜甫连自我调侃、黑色幽默的兴趣也没有了,只有长歌当哭,哭一声写一句,写一句哭一声。

我们现在来看其中几首。先看第一首:

> 有客有客字子美,白头乱发垂过耳。岁拾橡粟随狙公,
> 天寒日暮山谷里。中原无书归不得,手脚冻皴皮肉死。呜
> 呼一歌兮歌已悲,悲风为我从天来。

多少天没有理发了,头发乱得像柴草,垂下来几乎遮住了面孔。杜甫一介书生,几乎没有生活能力,找不到野果子充饥,就跟着养猴子的狙公去采。"岁拾橡粟随狙公,天寒日暮山谷里。"猴子比他灵活,他怎么抢得过猴子呢?"中原无书归不得",家乡是回不去了,连一封信也没有。"手脚冻皴皮肉死",手脚裂开,皮肉坏死。"呜呼一歌兮歌已悲,悲风为我从天来。"这时一阵寒风吹来,好像是为我唱悲歌。

再看第二首:

> 长镵长镵白木柄,我生托子以为命! 黄独无苗山雪盛,
> 短衣数挽不掩胫。此时与子空归来,男呻女吟四壁静。呜
> 呼二歌兮歌始放,闾里为我色惆怅。

长镵(音 chán)就是挖东西的铲子,柄是白木做的。"我生

托子以为命"，"子"指铲。杜甫，一边到深山去挖野菜，一边叹息着与铲子"说话"，铲子啊铲子，我要靠你维持全家的性命啊！"黄独无苗山雪盛，短衣数挽不掩胫。"可是雪太大，找不到吃的了，雪把苗都盖住了。"黄独"是一种块茎的野生植物，就是野生山芋。雪大找不到，而自己衣服又短了一大截，几次想往下拉拉长，都盖不住小腿，小腿露在外面，真是又冻又饿！

"此时与子空归来，男呻女吟四壁静。"天黑了，铲子啊铲子，我们只好空手回来。可是回到家，男孩子在哭，女孩子在叫，四壁空空，什么都没有！"呜呼二歌兮歌始放，闾里为我色惆怅。"请设身处地想想我们这些逃难中的人是多么的艰难、多么的痛苦，多么可怜啊！

最后看第三首：

> 有弟有弟在远方，三人各瘦何人强？生别展转不相见，胡尘暗天道路长。东飞驾鹅后鹙鶬，安得送我置汝旁！呜呼三歌兮三歌发，汝归何处收兄骨？

杜甫有四个弟弟，一个跟着他，另三个各自奔命，杜甫说什么时候我们可以在一起，互相照顾呢！可是，现在却各奔东西，将来你们回来，到什么地方去收我的骨头呢?!

> 有妹有妹在钟离，良人早殁诸孤痴。长淮浪高蛟龙怒，十年不见来何时？扁舟欲往箭满眼，杳杳南国多旌旗。呜呼四歌兮歌四奏，林猿为我啼清昼。

杜甫想念他的妹妹，他的妹妹住在钟离这个地方。她丈夫早死,几个孩子又都有点痴呆。"长淮浪高蛟龙怒,十年不见来何时。"我们十年不见了,你何时来呢?可现在是浪又高,蛟龙怒,乱成这样,该怎么办呢?……下面五歌、六歌、七歌,一层推进一层,简直呼天抢地:

呜呼五歌兮歌正长,招魂不来兮归故乡!我的魂魄啊已经回到了故乡,再也招不回来了!

呜呼六歌兮歌思迟,谿壑为我回春姿!春天啊,你快快到来吧!

呜呼七歌兮悄终曲,仰视皇天白日速!仰望长天,苍天啊苍天,我这一辈子,就这样过去了吗?

就这样一首接一首,杜甫一口气写了七首诗,叫做《同谷七歌》,我觉得这是杜甫诗中最好的诗之一。虽然唱的是自己的苦难,却也是人民的苦难。我们不必把杜甫的思想拔得太高,一定要说他是人民的代言人云云,其实他本身就是穷苦百姓中的一员。杜甫之所以为后人尊敬,就在于他的诗反映了天下弱势群体的共同呼声。更可贵的是,他常常因为自己的苦难,想到别人的苦难。这种儒家思想的精华在杜甫身上时有体现。此所谓老吾老以及人之老,幼吾幼以及人之幼。这种推己及人的思想,在李白的九百多首诗里几乎找不到一首。

这一年是杜甫一生中最不安定的阶段。杜甫在这一年中东奔西走,几乎没有停息的时间。但他还得走,走到哪里去呢?他不知道。他厌倦了,但又不能停下来。为了活命,为了生存,为了妻子儿女,他必须走下去!

难得的安定生活

　　杜甫拖儿带女终于到了成都。当望见成都的城头时，他写下了这样明亮的诗句："我行山川异，忽在天一方。但逢新人民，游子日月长。"

　　然而成都也不是世外桃源，西边大渡河以西，有吐蕃，南边是少数民族地区，城里又是军阀割据。不过四川到底是一个富庶的粮仓。毕竟也没有发生大规模战争，而所投的亲友又都是有点地位的人。

　　成都草堂因为杜甫而闻名天下。在一般人的心目中，似乎以为杜甫的大半生就生活在草堂里，其实这种认识有两个误解。第一，草堂不止一个，在成都有草堂，在湖北瀼西也有草堂（其实还不止这两个，杜甫住过的地方，往往都建草堂），有的诗是在成都草堂写的，如"两个黄鹂鸣翠柳"；有的则是在瀼西草堂写的，如"堂前扑枣任西邻"（《又呈吴郎》）。不了解的话，容易混淆。第二个误解，往往以为杜甫在成都草堂的时间很久，其实，杜甫在成都草堂的时间并不长，总共加起来只有三年零八个月。

　　秦汉以来，成都一直是西南地区的政治、经济、文化中心。"天府之国"又远离安史之乱的战火，许多人都向往这个繁华的城市。杜甫历经千辛万苦，由秦州—同谷—剑阁—鹿头，走走停停，跋涉数千里，终于到达了他日思夜想的目的地——成都。这段距离在今天，也许只要几个小时就可以到达，可是他却走了好几个月！当他们一家到成都的时候，已经是乾元二年（759年）的年末了。杜甫远远望见成都高高的城头，隐隐听到城里传来的箫声时，写下他这次长途迁徙所写的三十二首组诗中的最后一首——《成都府》：

> 翳翳桑榆日，照我征衣裳。
> 我行山川异，忽在天一方。
> 但逢新人民，未卜见故乡。
> 大江东流去，游子日月长。
> ……………
> 鸟雀夜各归，中原杳茫茫。
> 初月出不高，众星尚争光。
> 自古有羁旅，我何苦哀伤。

奇怪的是，杜甫刚到成都，就已经想着要回去了。

在兴奋的同时，"未卜见故乡"、"中原杳茫茫"的惆怅；"鸟雀夜各归"、"我何苦哀伤"的悲叹，却透露了他内心的隐痛。看到这里，我不禁想起苏东坡。苏东坡连连遭受不公正的待遇，一次次地被贬谪，直至被贬到海南岛，几无生还的希望，可他始终保持着"此心安处是我乡"的平和心态，生活照样充满着乐趣。他甚至说："他年谁作舆地志，海南万里是我乡。"两者相比，其心境相去何其远矣！

到了成都，他们先寄居在西郊浣花溪附近的草堂寺。这个

古寺在南齐时代就已经兴建了。安定下来之后,杜甫就打算建造住房。当时的浣花溪水面宽阔,流水淙淙,风景非常秀丽。诗人就决定在一片参天树木中间营建草堂。但经费哪里来?靠亲戚朋友。彭州刺史、边塞诗人高适、表弟王司马,都为这件事情出过力。

草堂对杜甫而言可以说是一个美丽的家园,已经年到半百的他得到了暂时的安定。从杜甫的诗句中可以大致判断他此时的生活状况:

暂止飞鸟将数子,频来语燕定新巢。(《堂成》)

东飞西撞的小鸟,终于有了新巢,得到暂时的安居。

杜甫所住的浣花村只有几户人家,零星地分散在溪畔,构成了环境优美的江村。杜甫在这里因为一片温馨和谐的景象而备感心旷神怡,从而写下了许多闲适、恬静的田园诗。在他的笔下,草堂周围的植物,浣花溪畔的燕子、黄鹂这些生机勃勃的精灵,组成了一部部动人的田园交响乐。

《江畔独步寻花七绝句》记录了他刚到成都时的心情。这是由七首绝句合成的组诗,写了诗人在附近江边独步寻花的几个不同的场景,心情是轻松愉快的。其中第六首,写得最热闹:

黄四娘家花满溪,千朵万朵压枝低。留恋戏蝶时时舞,自在娇莺恰恰啼。

去黄四娘家的小路上满是盛开的鲜花,千朵万朵,把枝条都压低了。流连忘返的蝴蝶时时起舞,自由自在的黄莺恰好在这时叫了起来。整首诗没有形容繁花的绮词丽语,"黄四娘家"是大白话,"千朵万朵"是复叠,加上"时时"、"恰恰"两对叠字,句法十分通俗。但"千朵万朵"的数量和"压枝低"的重量,足见争相怒放的花朵重重叠压的盛况;蝶舞莺歌则更烘托出一派欢快的气氛。如果只看这一首诗,还不能充分展示杜甫惜春爱花的心情,那么把下面几首诗连起来读,感觉就更深了。

> 黄师塔前江水东,春光懒困倚微风。桃花一簇开无主,可爱深红爱浅红。

黄师塔是佛师的骨灰塔,禅师已故,而江水照样东去。春光亦如游人,慵懒地倚在微风之中。桃花一簇,寂寞无主,但盛妆亭立,风韵无限,让人不知是爱深红,还是爱浅红呢?诗人有点应接不暇了。当然,与东流的江水和黄师塔相对照,还可以体味出这可爱的红色只是一时之盛,其中还微含禅意,微微地带点惆怅。

> 不是爱花即欲死,只恐花尽老相催。繁枝容易纷纷落,嫩蕊商量细细开。

若不是爱着花儿,真想立即去死,可见花儿就如同他的生命;只是担心花要凋谢飘落,那也就意味着时光催人老去。花和人一样,盛极必衰,只是这个过程更短、更明显而已。所以诗人劝说繁花:越是繁盛越容易凋落,嫩蕊你就慢慢地、一点一点地开放,不要一下子全开了吧!语气中流露出诗人对花满怀怜惜之情,这也是作者对一切盛极而衰的事物所将面临的命运转折

的深深感喟。由于从这一独特的角度表现了人的诗兴,所以景物也就被赋予了人的情趣。

再请看这样的诗句:

江碧鸟逾白,山青花欲燃。(《绝句二首》)

漫江碧波荡漾,白色的水鸟从江面掠过;满山苍翠欲滴,开放在其中的花朵像熊熊燃烧的火焰。以下还有一些充满欢乐情趣的诗句:

村鼓时时急,渔舟个个轻,杖藜从白首,心迹喜双清。(《屏迹》)

圆菏浮小叶,细麦落轻花。(《为农》)

杨柳枝枝弱,枇杷对对香。(《田舍》)

文艺理论有一个熟语,叫做"移情说",就是把作者的感情移到所看到的景物上。可以说,杜甫这一时期的诗歌,都弥漫着活泼欢快的青春气息,打上了此时杜甫感情的烙印。

此时的杜诗,不仅描摹着芳菲世界,还把自己的日常生活也表现得兴致盎然。杜甫和杨氏夫人从 30 岁结婚到现在已经有 20 年了,不是远隔千山万水,就是颠沛流离,一路尽是穷困窘迫。定居草堂以后,他们终于得以暂时过上安定和舒适的日子,享受到家庭生活的融融之乐。

《江村》描写了夏日浣花村的情景:

　　清江一曲抱村流，长夏江村事事幽。自去自来梁上燕，相亲相近水中鸥。老妻画纸为棋局，稚子敲针作钓钩。但有故人供禄米，微躯此外更何求？

　　历尽艰辛的老夫老妻，画出棋盘来下棋，虽然简陋，却很温馨，用今天的话说还可以说是"浪漫"；无忧无虑的小孩子们，敲针作为鱼钩——闲适的夫妻和天真的孩子构成了一派祥和的气象。

　　尤其是《客至》，把门前景，家常话，隔着篱笆相呼、递杯把盏的情景，描摹得生动有趣：

　　舍南舍北皆春水，但见群鸥日日来。花径不曾缘客扫，蓬门今始为君开。盘飧市远无兼味，樽酒家贫只旧醅。肯与邻翁相对饮，隔篱呼取尽馀杯。

　　这样的诗句在一生漂泊的杜甫的诗中实在是太稀少、太珍贵了！

安静生活中的不和谐音

生活中总会有不和谐的声音。成都毕竟不是世外桃源。不但自然界会有不测风云,就是社会上也有着动乱因素。杜甫在小军阀之间周旋,讨一点残羹冷菜,写几篇马屁诗文,浑浑噩噩、太太平平过日子。

草堂的日子里,也不是一切都那么美好。公元 761 年,有一天,狂风大作,草堂前的一棵楠树被大风刮倒,连根拔起。杜甫深爱此树,常常在树下吟诗,如今目击楠树与风雨搏击,为大风所拔,突然联想到自己的性格和命运,便有感而发:

倚江楠树草堂前,故老相传二百年。……干排雷雨又力争,根断泉源岂天意。……我有新诗何处吟,草堂自此无颜色。

八月的一天,秋风怒号,把草堂屋顶的茅草也卷走了。茅草有的挂在树梢上,有的沉到河塘里。杜甫自然焦急万分。一会儿,风止了,乌云聚拢而来,接着便下起雨来,淅淅沥沥没完没了。屋子里没有一处干的地方。杜甫想到自己流离失所以来的

种种苦难,不禁黯然神伤。终于在这漫漫长夜,唱出了一首凄凉的《茅屋为秋风所破歌》:

八月秋高风怒号,卷我屋上三重茅,茅飞渡江洒江郊。高者挂罥(juàn)长林梢,下者飘转沉塘坳。南村群童欺我老无力,忍能对面为盗贼。公然抱茅入竹去,唇焦舌燥呼不得,归来倚仗自叹息。

俄顷风定云墨色,秋天漠漠向昏黑。布衾多年冷似铁,娇儿恶卧踏里裂。床头屋漏无干处,雨脚如麻未断绝。

自经丧乱少睡眠,长夜沾湿何由彻?安得广厦千万间,大庇天下寒士俱欢颜,风雨不动安如山。呜呼!何时眼前突兀见此屋,吾庐独破受冻死亦足!

郭沫若在《李白与杜甫》中尖锐地批判杜甫:"诗里面是赤裸裸地表示着(地主)阶级立场和(地主)阶级感情的。"因为他认为"大庇天下寒士俱欢颜"的"寒士"不是劳动人民,他还煞有介事地分析说:"屋顶的茅草有三重……这样的茅屋是冬暖夏凉的,有时候比起瓦房来还讲究。"那不是地主的奢侈生活又是什么?总之他是要把一切都朝阶级和阶级斗争的理论上套。

不过,郭有一句话我倒是赞成的,他说,有人把杜甫的这首诗说成是所谓"民吾同胞,物为吾与"的大同怀抱,那不过是一些不着边际的主观臆断而已。

而这首诗其实也反映出杜甫的"性偏躁","气度小",而"好为大言,高而不切"的性格特征。他连小孩子拿了几根茅草,都气急败坏,骂他们是"盗贼",又怎么可能"吾庐独破受冻死亦足"呢?

这时的杜甫毕竟是过着寄人篱下的乞讨生活。常常是饱一顿饥一顿。还不得不常常卖文、卖药,以补充家用。从他的诗里可以看到,有一次,他代唐兴县令王潜写《唐兴县客馆记》,还寄了好多诗文给他,希望王潜能给予接济。还有一次,又一位姓魏的官员骑着马来,给他送来买药的钱。

他在《百忧集行》中透露了内心无限的心酸:"强将笑语供主人,悲见生涯百忧集。"

不仅如此,四川的政局也不稳定。小军阀抢夺地盘的战乱不时发生。一会儿是段子章杀李焕,一会儿是花敬定杀段子章,一会儿又是高适、严武来杀花敬定。今天我杀你,明天你杀我,"忍看朋辈成新鬼","城头变幻大王旗"。那个时代,枪杆子里面出地盘。谁有枪,谁就是王。而这些武夫又是飞扬跋扈,任侠使气,横行霸道,无所不为。杜甫在他们中间讨生活,只能强颜欢笑,卑躬屈膝。

在成都,杜甫最风光的日子要算高适和严武来草堂拜访了,他们所给予的照顾,才是朋友间友情的体现。可是好景不长,高适与严武,不久被调离了四川。杜甫也曾离开成都,流落到了梓州阆(音 làng)州一带,时间有一年零九个月之多。

就在这时,中原传来收复河南、河北的消息,杜甫欣喜若狂。写下了生平第一"快诗"《闻官军收河南河北》,并决定立即出川!

小军阀章彝设宴为他饯行。杜甫在宴会上写了《留别章使君留后兼幕府诸公》,诗写得可怜极了。杜甫为什么要写这样的诗,是为了获得别人的怜悯呢,还是为了发泄心头的怨气?要知道,这样的诗,无论谁看了都不会对他有好感。不信,请看这首诗:

我来入蜀门，岁月亦已久。岂惟长儿童，自觉成老丑。

常恐性坦率，失身为杯酒。……昔如纵壑鱼，今如丧家
狗。……

杜甫真傻。居然自己剥去自己的尊严，让人瞧不起。不过，话得说回来，如果待人处世是那么圆通得体，也就没有"杜甫"了。

幕府生涯

因为是世交的关系,杜甫做了严武的幕府。可惜,幕府做了几个月他又不愿干了。严武好意劝他,他却借醉骂严武,终于又一次辞官而去。杜甫的"不识好歹",竟至于此!

因为严武再次回来镇守成都,杜甫改变了出川的计划。虽然饯行的酒也已喝过了,他还是留在成都,重回草堂了。推开柴门,恶竹丛生,狐窜鼠奔;打开书橱,尘丝满架,书虫满纸。一片荒芜冷落的景象。但这一切没有影响杜甫心里的喜悦,因为他有了靠山严武,对明天又充满了希望,他在《草堂》这首诗里居然一连用了四个"喜"字:

> 旧犬喜我归,低徊入衣裾。
> 邻舍喜我归,酤酒携胡芦。
> 大官喜我来,遣骑问所须。
> 城郭喜我来,宾客临村墟。
> ……

杜甫又有了生气,草堂又有了生气。他怀着轻松欣喜的心情写道：

> 高秋总馈贫人实，来岁还舒满眼花。（《题桃花》）

> 会看根不拔，莫计枝凋伤。（《四松》）

> 细雨鱼儿出，微风燕子斜。（《水槛遣心》）

喜悦与轻松出现在杜甫的脸上，他的情绪开朗起来。他对着倾斜的水槛说：

> 既殊大厦倾，可以一木支。临川视万里，何必栏槛好。（《水槛》）

这样豁达的句子，在杜甫的诗里是很少有的。此时，他还有一首脍炙人口的诗，形象传达出他此刻的心情：

> 两个黄鹂鸣翠柳，一行白鹭上青天。窗含西岭千秋雪，门泊东吴万里船。（《绝句四首》之三）

这四句诗一句一个画面，四个画面如蒙太奇手法，呈现出一个欢快的场景。

然而，杜甫在草堂没待多久，他的这种欢乐的情绪便荡然无存。

这年六月，严武举荐杜甫为节度使署中参谋，又报请皇上给了杜甫一个检校工部员外郎的职位，并赐绯鱼袋。工部就是现在的建设部。员外郎,即编制以外的。事实上是个虚职,杜甫从来没上过任,也没做过什么事。不过总算有了"杜工部"这个称呼。这本来是严武对他的关照和提携,这本来是功名欲极强的杜甫梦寐以求的好事,然而不料却因此而转喜为悲。

应该说,起先杜甫是十分兴奋的。他在《八哀诗》里用美好的句子尽力歌颂严武:"公来雪山重,公去雪山轻。"

句子真美!严武是个文武双全的干才,败吐蕃,收失地,建功立业,为朝廷所倚重。而且写得一手好诗文。他与杜甫是世交,关照杜甫是自然的。

可惜,杜甫不是做实际工作的人。幕府的生活,刻板枯燥,天亮上班办公,傍晚下班回来,对于一般人,是很正常的事。可是,闲云野鹤的杜甫却不能适应。很快他就感到心烦意乱,再加上他与节度使署的青年职员不能处理好关系,他牢骚满腹,心情坏到了极点。

本来,为了家庭,稍稍委屈一下自己也是应该的。做事哪有那么轻松呢,何况天下没有免费的午餐,你总要做点事才能拿到报酬,总不能一味靠人接济吧。至于同事之间有矛盾也是很正常的事,何况你杜甫年逾半百,也不必与之计较。即使有人因你满头白发而鄙视你,有些冷语冷言,也应该忍一忍,承认自己老了又怎么样呢?这总比做"丧家犬"要好得多。

但是,杜甫哪有那么大的心胸气量呢?他受不了了,心中充满难以压抑的忧郁:"晚将末契托年少,白日输心背而笑。"

他总是疑神疑鬼,总觉得别人当面装笑脸,在背后说他什么坏话。他觉得他这么大的年纪了,难道还要受这些少年人的气吗?!天才往往是有心理疾病的。其实以杜甫的才华,何必要别人来肯定自己呢?!何必在乎别人的议论呢?!

由于心情不好，他旧病未逾，又添新病。他早年就有肺病、疟疾，这时又添了风痹。坐在署衙里，四肢会感到麻木。只有短短几个月的时间，杜甫就无法忍受了。

在一个漫漫长夜，杜甫难忍痛苦，写诗宣泄他的悲凉：

> 清秋幕府中梧寒，独宿江城惜巨残。永夜闭声悲自语，中天月色好难看？风尘荏苒音书绝，关塞萧条行路难。已忍伶俜十年事，强移栖息一枝安。

心情不好时，连皎皎的明月都"好难看"了。

永泰元年（765 年）正月，高适去世。在《闻高常侍亡》一诗中寄托着杜甫的哀思："致君丹槛折，哭友白云长。"

有一位老友去了，又一株依靠的大树倒了，杜甫的悲伤是可以想见的。

不久，比他小三岁的岑参也去世了。朋友接连离开人世，使诗人备感孤单，杜甫的心情更坏了。

于是，他连连写诗打报告给严武，要求辞职。

> 白头趋幕府，深觉负平生。（《正月三日归溪上有作》）

意思是，我头发白了还要做幕府，我怎么能让身心为那种劳役所苦！这实在是耽误了我一生的才华。他宁可向亲友乞讨，也不愿去干自己不愿干的事了。说到底，杜甫他不愿自食其力！每看到这一层，我不禁为诗人长长地叹息！世上哪有想做官又不管事，想要报酬而不干事的好事呢?!

严武想劝劝他，请他喝酒吃饭，调和他与同事之间的关系。

他却又借着醉酒,拍桌子站到凳子上骂严武:"严挺之怎么生了你这样的儿子!"这犯了大忌,连严武的父亲都带上,严武也忍不住顿时怒起,反过来骂杜甫:"杜审言怎么生了你这个孙子!"以致想杀杜甫(当时确实杀了部下章彝)。幸好严母相救才免一死。

杜甫的不识好歹,竟至于此!

然而,气消后,严武还是以长者相待,批准了他的辞职要求,继续给他经济上的支持。想不到就在这年四月,严武也暴病去世!诗人在蜀中失去了最后的依靠。

不出一个月杜甫便离开了成都草堂,这一去就再也没有回来。

临行时,他写下了这样一首诗:《去蜀》,对他在成都的岁月,作了一个小结。

> 五载客蜀郡,一年居梓州。如何关塞阻,转作潇湘游。
> 万事已黄发,残生随白鸥。安危大臣在,不必泪长流。

走吧,成都已经容不下我杜甫了!走吧,这里已经没有我的朋友、我的家了!但是,天高地远,四顾茫茫,能到哪里去呢?

杜甫从公元 759 年底、760 年初到成都,至公元 765 年五月离开成都,其间又到梓州阆州去住了一年又九个月,他在成都实际居住的时间共三年零八个月。

在这三年零八个月中,他投靠过不少人。虽然当时有小小的动乱,如果不是杜甫性格上的孤傲,是完全可以在成都安静地生活下去的。

而现在,高适死了,岑参死了,严武也死了。对成都,他已没有什么值得留恋的了!

访古、赏画与评诗

　　生活安定时，杜甫便创作了大量作品。诗歌是他的生命，只有在诗歌中，他的心灵才能得到安宁。在相对安定的几年中，杜甫寻访古迹，品题书画，研究诗论，留给后人许多宝贵的精神财富。我们从他那些不多的关于艺术的诗歌中可以推测，如果没有战乱，杜甫一定是个出色的文艺评论家、鉴赏家，一个玩家。

　　杜甫的心情是复杂的。在没有离开长安时，他一心想到的只是成都，但是一旦到达成都，他又开始惦记长安了。长安的一草一木都会勾起他的思念和惆怅。他的《恨别》便记录下他此时的心态。

　　洛城一别四千里，胡骑长驱五六年。草木变衰行剑外，兵戈阻绝老江边。

　　围城现象，在杜甫的身上表现得特别强烈。

　　不过，此时的杜甫毕竟有了闲暇，可以做些自己喜欢的事了。他曾经到邻近的一些地方游历过。先主庙、武侯祠、果园

坊、万里桥等地方都留下了杜甫的足迹，这些游览经历也都被他的诗篇记录了下来。

他到成都南郊的武侯祠，有七律《蜀相》一首，表现了他对诸葛亮的敬仰：

> 丞相祠堂何处寻？锦官城外柏森森。映阶碧草自春色，隔叶黄鹂空好音。三顾频烦天下计，两朝开济老臣心。出师未捷身先死，长使英雄泪满襟！

诗是歌咏诸葛亮的，从而表现了杜甫的"忠君"思想。

结语"出师未捷身先死，长使英雄泪满襟"，惋惜他的北伐未果，寄寓着他早日平定内乱的强烈期盼。虽是写诸葛亮，也是在为自己的命运叹息。这首诗写得悲壮遒劲，一直在广大读者之中流传。

自从有了草堂以后，杜甫过起了近乎隐居的生活。他和社会的联系也很少，在成都只是和邻人朱某、斛斯融等几个人略有往来。他自己也说："渐喜交游绝，幽居不用名。"

在安定的生活中，他思念着亲人："露从今夜白，月是故乡明。"（《月夜忆舍弟》）

他惦记着老朋友，不知李白大哥怎么样了？

> 故人入我梦，明我长相思。（《忆李白》）

他不知道写这首诗的时候，正是李白去世的那段日子。

他关心起天气来："好雨知时节，当春乃发生。"（《春夜喜雨》）

他心境平和，感到满足："但有故人借禄米，微躯此身更何求。"(《江村》)

他还有闲心欣赏起了绘画书法，为此写下不少题画诗：

> 焉得并州快剪刀，剪取吴松半江水。(《戏题王宰画》)

> 时危安得真致此，与人同生亦同死。(《题壁上韦偃画马歌》)

杜甫一生写了不少欣赏绘画的诗篇，他的赏画诗往往把自己的心情和自己的追求都写了进去，他确实是欣赏艺术的高手。

在他眼里，大自然更是一幅美丽的图画。

上元元年(760年)的秋天，他应诗人裴迪的邀请来到了新津县。第二年的春天，他再次来到了这里。就在这一年秋天，他还去了成都西北的青城县。青城县外有著名的青城山，这里是我国道教的发祥地之一，山上林木青翠，四季常绿，有"青城天下幽"的美名。杜甫登上了这里的一座山峰——丈人山，面对着瑰丽的景色，他发出了由衷的赞叹：

> 丈人柯西佳气浓，缘云拟住最高峰。(《丈人山》)

他简直把自己比作陶渊明，过上了"世外桃源"的生活。

在这一时期，值得一提的还有他的《论诗六绝》：

> 庾信文章老更成，凌云健笔意纵横。
> 今人嗤点流传赋，不觉前贤畏后生。

王杨卢骆当时体，轻薄为文哂未休。

尔曹身与名俱灭，不废江河万古流。

纵使卢王操翰墨，劣于汉魏近风骚；

龙文虎脊皆君驭，历块过都见尔曹。

才力应难跨数公，凡今谁是出群雄。

或看翡翠兰苕上，未掣鲸鱼碧海中。

不薄今人爱古人，清词丽句必为邻。

窃攀屈宋宜方驾，恐与齐梁作后尘。

未及前贤更勿疑，递相祖述复先谁？

别裁伪体亲风雅，转益多师是汝师。

《戏为六绝句》是六首议论诗歌的绝句。它开辟了一个用诗来写评论诗文的新天地，这在杜甫之前从来没有人这样写过。后人纷纷效仿，比如元好问的"论诗绝句"就是直接受他的影响。更重要的是，这种议论性的诗篇，对宋诗的形成也有不可忽视的贡献。

这六首诗对文艺批评和创作发表了很精辟的见解。他涉及了诗歌赏析、学习、创作、评论等许多基本的问题。提出诗歌创作是一个发展的过程，对前人的创作应该要给以充分的肯定，不应该任意嘲笑。他还提出要向各种诗歌创作风格学习，"转益多师是汝师"。

不过我们也要看到，杜甫这一组诗的本身是有所指的，是有感而发，有针对性的。诗里的"前贤"表面上是指的是初唐四杰王、扬、卢、骆，其实，是针对当时人们对杜甫诗歌批评的一种回击，是在为自己辩护。

所以诗的用词很尖锐，骂批评者是"轻薄为文"，反过来说他们的诗如"翡翠兰苕"即雕章琢句，说他们将"身与名俱灭"，而肯定自己的诗如滚滚长江黄河，气象万千，正如"江河万古流"与"鲸鱼碧海中"。诗的口气像是在吵架，又像是在自吹。

他对那些批评者说，你们一心要高攀屈原、宋玉，而其实恐怕连齐、梁文学都不如。

平心而论，如果仅仅就这六首诗创作本身的背景看，笔者以为，这六首诗只是反击"今人"批评的匕首，用语尖刻了些，反击过头了些。我们不清楚当时批评他的"今人"是些什么人，也不知道这些"今人"说了些什么话。但从杜甫的六绝句中可以看出，这些人推崇屈、宋，批评"四杰"，也没有全错。"四杰"也不是不能批评的，你杜甫的诗也不是不能批评的，但一批评就说别人是"尔曹身与名俱灭"，怕也不妥。

今天，杜甫在我们的心目中是十分高大的。可是，与杜甫同时代的人，对杜甫则是相当冷淡的。无论认识与不认识的，竟很少有人夸奖他的诗，甚至于极少有人提到他的诗。对于如此杰出的诗人，却没引起"当代人"的重视，似乎是难以想象的。

他自己也有感觉。他在《南征》一诗中说"百年歌自苦，未见有知音"。这从侧面证明确实很少有人欣赏他。杜甫是寂寞的。他的"寂寞身后事"，也是在写他自己。

韩愈的诗"不知群儿愚，哪用故谤伤？蚍蜉撼大树，可笑不自量"，同样从侧面反映了当时人对杜甫的不重视。

在唐人选编的集子中，更可以看到这种"冷遇"。芮挺章的《国秀集》(744 年)和殷王香的《河岳英灵集》(753 年)都没有选杜甫的诗。元结与杜甫有很多接触，在诗歌观点上也与杜甫相近，然而在他的《箧中集》里也没有选杜甫的一篇诗作。最令人不可思议的是，高仲武的《中兴间气集》是专门选拔从肃宗到代

宗末年的诗的,这个阶段杜甫的诗写得最多也最好,而选编者的宗旨又是"朝野通取,格律兼收",选了大量的不同风格的诗歌,可恰恰不选杜甫。

与凡·高的画一样,杜甫的诗要经过元稹、白居易、韩愈和李商隐、杜牧、苏氏二兄弟等人的宣扬后,才真正被人重视,然而,这时离杜甫去世已几十年、几百年了。

杜甫的诗在他生前和身后几十年未被重视,笔者以为原因有三:

一、掌握臧否大权的朝廷大员,不会欣赏反映百姓苦难与悲惨命运的诗歌;

二、杜甫的诗往往宣泄自我悲苦情绪,在当时的士大夫中,引不起共鸣;

三、杜甫一生都在流浪中,没有媒体帮他宣传,要传出去很困难。

但是金子总会闪光,其实,杜甫不必呕呕乎地反击怒骂,反弄得自己身心俱疲。李、杜文章在,光焰万丈长!

屈辱的"幸福"生活

　　杜甫其实是一个很讲实际、很情绪化的人。用现代的词汇说，他大概是个个人主义者。在公子哥儿的宴席上他狂歌痛饮姑娘递上来的美酒，在青山绿水间他抒发对大好河山的热爱之情，在朝廷的音乐声中他陶醉与颂扬庙堂的辉煌，在工作琐碎的小官任上他宣泄心中的厌恶和愤懑，在逃难途中他描叙人间的苦难，控诉社会的不公，在他自己的草堂里，他较多地关心好雨好风……

　　有谁对他好，他就会为谁说好话。祖国的山山水水养育了他，他当然是一个"爱国主义者"；房琯对他好，是他的布衣之交，他自然也为房琯说话；即使那劣迹斑斑的小军阀，因为关照了他，他也会感激涕零地为他们歌功颂德……

　　否则，他就连山水都会感到厌恶……

　　一个心胸不太开阔的活生生的人，也许就是这样。

　　公元765年春夏之交，杜甫终于离开了成都。他坐木船向南到嘉州(今四川乐山)，再到戎州(今宜宾)，到渝州(今重庆)。到忠州(今忠县)时，他写了一首著名的五律《旅夜书怀》：

细草微风岸,危樯独夜舟。星垂平野阔,月涌大江流。
名岂文章著?官应老病休。飘飘何所似?天地一沙鸥。

这是一个天高气清、春风微醺的静夜。星空低垂,平野广阔
无际;大江奔流,月影在波浪中翻涌。杜甫系舟于青草岸边,只
有高高耸立的桅杆陪伴着他。

"细草微风岸,危樯独夜舟"是写岸上;"星垂平野阔,月涌大
江流"是写水中的星空。平野使人想到宇宙的永恒,月影江流则
令人想到时间的流逝。在如此广阔的时空中,细草、危樯更显得
渺小孤独。

于是,诗人自然联想到自己的身世:"名岂文章著?官应老
病休。"声名也许可以使人永恒,但我杜甫追求的并非因文章而
流芳百世;官位可以实现经世济时之志,可如今我又老又病,还
说什么呢。我杜甫的一生一无所有,就像一只到处飘游、漂泊不
定的无家可归的沙鸥!

此时此刻,杜甫成了一个哲人,他真正感到自己的渺小,感
到人在这世上的渺小,他的心胸拓开了。

一路上走走停停,舟行至夔州西面的云安时,杜甫病倒了。
这时已是公元 765 年九月。杜甫住在云安县令严某人的水阁
里,卧病在床,度过了一个寒冷的冬天。他眼前终日所见的是背
着盐为生活奔波的男人和女人,听到的是开船、停船的号子声。
这年十二月一日,他用诗句记录下了这样一幅场景:

负盐出井此溪女,打鼓发船何郡郎?

春天到了,他听到日夜不停的杜鹃在悲鸣,心情更加沉重。

这时从外面传来蜀中大乱、商旅断绝的消息。自从严武死后，就像群龙无首，各地的小军阀争夺不断，加上吐蕃、回纥等外族的不断侵犯，百姓更是生活在水深火热之中，简直到了"人相食"的地步。杜甫庆幸自己及早离开了这个是非之地，但同时也为当地的百姓而担心，《绝句三首》记下了这一段事实：

> 前年渝州杀刺史，今年开州杀刺史；群盗相随剧虎狼，食人更肯留妻子。

这是写军阀混战的情况。

> 二十一家同入蜀，唯残一人出骆谷；自说二女啮臂时，回头却向秦云哭。

这是写一人扔下女儿自己逃难的情形。

> 殿前兵马虽骁勇，纵暴略与羌浑通；闻道杀人汉水上，妇女多在官军中。

这是写官军与外族一样，他们的能耐，是表现在杀害百姓，强抢妇女上。

杜甫不愧是纪实高手，寥寥几笔，局势之混乱、百姓之苦难、官兵之横行、外族之嚣张，便表现得淋漓尽致！这比起一般泛泛而叙的史书不知要鲜活、丰富多少！

不久，他投靠了小军阀柏茂琳，柏茂琳给了他优厚的物质待遇。给了他庄园、田地，庄园里还栽了各种果树，还给他雇佣了不少奴仆,有男的,有女的,大多是当地少数民族的同胞。现在,我们还能从杜甫的诗中,知道他们的名字,他们叫:阿段、伯夷、辛秀、信行等。在这个时期,杜甫又过起了安定的生活。他可以指挥仆人们耕种、建屋、引水、修筒、伐木、种水稻,干各种农活,生活过得很平静。这个时期杜甫有了充分的闲暇,一面游览夔州的山水之美,一面回顾自己的经历,写了大量的诗作,两年不到的时间写了四百三十多首诗,几乎是他全集的四分之一。

我们不妨来看看他这一时期写的几首诗:

"江城含变态,一上一回新。"(《上白帝城》)这是写白帝城给他的总的印象。

"中巴之东巴东山,江流开辟流其间。白帝高为三峡镇,夔州险过百牢关。"(《夔州歌十绝句》)这是杜甫对夔州地理形势的生动概括。

他记录下了夔州人民的苦难。有一件事,曾给杜甫的印象很深。由于战乱,这里的男丁奇缺,女子到了四五十岁还嫁不出去,她们每天上山砍柴,然后背着柴下山去卖,卖后又到市上去换一点盐巴。她们蓬头垢面,粗手大脚,完全失去了女性的特征。于是当听到有人说,那里的女子长得丑,才嫁不出去时,杜甫写了一首《负薪行》进行反驳,杜甫沉痛地写道:

> 夔州处女发半华,四十五十无夫家,更遭丧乱嫁不售,一生抱恨长咨嗟。土风坐男使女立,男当门户女出入,十有八九负薪归,卖薪得钱应供给。……筋力登危集市门,死生射利兼盐井。若道巫山女粗丑,何得此有昭君村?

不是夔州女子的貌丑,是超负荷的劳动把她们折磨得人不人鬼不鬼;不是她们不会千媚百态,是战争使女子失去了她们本来应该有的娇媚。杜甫愤怒地追问:"若道巫山女粗丑,何得此有昭君村?"如果这里的女子是因为水土恶而长得丑,那么请问,美丽的王昭君不也是生生长在这里的吗?!

回忆的诗歌最著名的是《壮游》和《忆昔》,如果没有这些诗歌,我们对杜甫青少年时代的认识,将是一团漆黑。我们不妨摘录几句:

> 往昔十四五,出游翰墨场。斯文崔魏徒,以我似班扬。
> 七龄思即壮,开口咏凤凰。九龄书大字,有作成一囊。

这是说少年咏诗,习字,说自己的水平如班固、扬雄。

> 性豪业嗜酒,嫉恶怀刚肠。脱略小时辈,结交皆老苍。
> 饮酣视八极,俗物都茫茫。东下姑苏台,已具浮海航。
> 到今有遗恨,不得穷扶桑。

这是说自己的游学经历,曾经想出海,但遗憾没去成。

> 王谢风流远,阖庐丘墓荒。剑池石壁仄,长洲荷芰香。

他到过苏州,去过虎丘。

> 每趋吴太伯,抚事泪浪浪。枕戈忆勾践,渡浙想秦皇。
> 蒸鱼闻匕首,除道哂要章。越女天下白,鉴湖五月凉。
> 剡溪蕴秀异,欲罢不能忘。

他又从苏州到绍兴。越地的山水,越地的姑娘,都使他流连忘返。

归帆拂天姥,中岁贡旧乡。气劇屈贾垒,目短曹刘墙。
忤下考功第,独辞京尹堂。

后来回到了故乡参加科举考试。想不到,落了第。

放荡齐赵间,裘马颇清狂。春歌丛台上,冬猎青丘旁。
呼鹰皂枥林,逐兽云雪冈。射飞曾纵鞚,引臂落鹙鸧。
苏侯据鞍喜,忽如携葛强。快意八九年,西归到咸阳。

于是又到齐、赵游玩。唱歌跳舞,骑马打猎,痛痛快快过了八九年。后面还有一大部分,写了国家的形势,写自己在战乱中的所作所为。此外,《昔游》、《遣怀》两首名诗也是回忆少年时代的生活经历的。由于日子过得清闲,杜甫又感到气闷,写了很多解闷的诗。

这个阶段他的诗歌在艺术上有相当大的进步。特别是在遣词造句上,更加讲究音律。最突出的是《秋兴八首》和《诸将五首》:

江间波浪兼天涌,塞上风云接地阴。

丛菊两开他日泪,孤舟一系故园心。

香稻啄余鹦鹉粒,碧梧栖老凤凰枝。

多少材官守泾渭？将军且莫破愁颜。

锦江春色逐人来，巫峡清秋万壑哀。

这些诗句，正是他"语不惊人死不休"创作原则的体现。以后不知迷倒了多少爱好诗歌的读者。凡是要学格律诗的，没有不从这其中去汲取养分的。

当然，这个时期，杜甫的生活虽然是稳定的，但仍然关心着周边和国家的形势。他是把个人的命运与国家命运，紧紧地绑在一起。一次，他听说许多地方的节度使纷纷入朝，以为形势大好，感到自己回乡有望，高兴地写下了绝句组诗：《承闻河北诸道节度入朝欢喜口号绝句十二首》。可是，诗人的政治头脑终究过于简单，他并不了解节度使入朝的具体情况。所以，这样的"欢喜"，注定是一场空欢喜。

到了秋收季节，杜甫搬到了东屯。夔州地处盆地边缘，到处都是山地峡谷，但东屯却是一片难得的平地，满眼是一片良田，在这里诗人享受到了丰收的喜悦。但是随着时间推移，诗人渐渐地衰老，身体状况大不如前，住到东屯以后，他的左耳失去了听觉能力。诗人感叹不已：

失学从愚子，无家任老身。（《不离西阁二首》）

漂泊，患难，衰老，这些凄凉而无奈的现实更激起了诗人对于故土的怀念。他在《秋季江楼夜宴三首》中写道："一时今夕会，万里故乡情。"

身在万里之外，但是即便是这样的距离也不可能隔断怀乡

之情。对故乡的怀念,在诗人笔下常常化为对兄弟、姐妹的
思念:

弟妹萧条各何在? 干戈衰谢两相催。(《九日五首》)

不见江东弟,高歌泪数行。(《元旦示宗武》)

思归东都,怀念亲人,在这种精神状态的反复纠缠和冲击
下,杜甫也曾经产生过隐逸的情愫。在瀼西草堂他就和隐士有
过交往,对于隐居山中之人,他也写过诗表示欣赏和赞同。他在
《写怀二首》中散发出超脱的心绪:

无贵贱不悲,无富贫亦足。

这句话的意思是,富贵贫穷都是相对而言,不去想别人的地
位高贵,也不会感到自己低贱。不去想别人的生活富裕,也不会
感到自己日子贫困。笔者以为,这两句诗,是杜甫诗篇中最豁达
的句子。可惜也只是一时的感受而已。

唐代本来是一个盛行佛教、道教的时代,杜甫自然而然也会
受宗教观念的影响。

不过,也许因为他的性格关系,他终于没有皈依佛、道。他
的内心仍痛苦得不能自已。他写了一首号称"唐人七律第一"的
诗篇:

风急天高猿啸哀,渚清沙白鸟飞回。
无边落木萧萧下,不尽长江滚滚来。

万里悲秋常作客,百年多病独登台。

艰难苦恨繁霜鬓,潦倒新停浊酒杯。(《登高》)

天际辽阔,风声峻急,猿啼哀凄,构成一片悲凉和肃杀的情景。虽然间或有鸥鹭在岸渚上的低空盘旋飞翔,但仍然改变不了这凄凉秋景中的孤寂和落寞。而落叶无边无际地飘零,长江之水汹涌澎湃,奔流不尽,在它们的衬托下,秋天的静穆萧肃和空旷辽阔,尽收眼底。诗人常年漂泊,生活不定,此情此景当然更让他觉得伤悲;再加上年老多病,独自登台,徒增凄凉:颈联可以说是诗人一生颠沛流离生活的高度概括。14个字,6层意思:"万里"是说远,"悲秋"是说季节,"作客"是说身在异乡,"百年"是说老,"多病"是说身体垮了,"独登台"是说自己的孤独。又老、又病、又孤独、又离家万里,而且在这秋天的季节独自登上高台,个中的凄苦唯有作者自己体会得到。诗的结尾陡然由壮志难酬的悲怆转为对个人和身边琐事的悲叹:更可悲的是现在我连最喜欢的"酒"都不能喝了! 于是,我们不仅能感受到诗人对于岁月迟暮的感伤,还能联想到生命的短暂与有限、宇宙的无穷与永恒——在这里,诗人的悲伤穿越了数千年的时空,与我们的感叹结合在了一起。

杜甫写作这首诗的时候,已是大历二年(767年)的秋天。杜甫的生命已经快要走到尽头了,从诗句中我们可以强烈地感觉到,尽管生活相对此前一段时间较为宽裕,但是他仍然无法摆脱心灵的痛苦,在即将去世时,他自己拼命咀嚼着痛苦,他没有宗教情怀,也没有人能对他进行临终关怀。

有一天,他居然看到了李十二娘的剑器舞,使他回忆起少年时代观看公孙大娘的剑器舞的轰动景象,抚今思昔,不免感慨万千,因而写下了《观公孙大娘弟子舞剑器行》。诗写得神奇变幻,激动人心,但又凄凉悲愁,充满了沧桑之感。我们在本书开头就已经读过了,如果换一个角度去读,会收到另一种效果。

这个时期杜甫诗作中最能体现人文关怀的要数《又呈吴郎》了。

　　堂前扑枣任西邻,无食无儿一妇人,不为困穷宁有此?只缘恐惧转须亲。即防远客虽多事,便插疏篱却甚真,已诉征求贫到骨,正思戎马泪盈巾。

因为杜甫搬了家,就把草堂让给了一个姓吴的朋友。原先,他院子里的枣树,是任一位寡妇邻居采摘的。自从让给了姓吴的朋友后,这位朋友在院子周围筑起了篱笆。于是杜甫写诗劝他,请他怜惜那无食无儿的寡妇。这首诗写得很朴素,就像在说家常话。笔者以为,这是杜甫诗集中最好的一首。特别是他的同情心,比起《茅屋为秋风所破歌》,更真实、更感人。

杜甫的身体在这个时期,情况还是不错的,至少是有时他的自我感觉还是不错的。有一次的坠马事件可以证明。有一次,杜甫喝醉了酒,要骑马下山,别人劝他不要骑马,他不但不听,反而一纵缰绳,从高高的白帝城冲下来,直奔瞿塘峡,这时候他仿佛又回到了青少年时代,表现出少年人的豪情。年近花甲的杜甫是不服老的。然而正是在此时,我们又看到了一个可爱的诗人形象——那样天真,那样豪迈,那么漂亮:

　　白帝城门水云外,低身直下八千尺。粉堞电转紫游缰,东得平冈出天壁。……向来皓首惊万人,自倚红颜能骑射。

这样的生活,对于一个终年漂泊的人来说,杜甫应该满足了。如果是一个平庸的人,更会感到幸福。但杜甫不是,杜甫不是平庸的人。杜甫的心永远是不平静的。柏茂琳给他如此优厚的生活,当然不是无条件的,代价是要为这小小的军阀唱赞歌,不仅如此还要为那些军阀的老太太和兄弟子侄唱赞歌。这位武夫还喜欢附庸风雅,平时有什么文书信件,也要杜甫代笔。不仅是他自己,甚至他的家人,有什么文牍之事,也来烦扰杜甫。

照理,杜甫吃了别人的、拿了别人的、住了别人的,为别人做点事,也是应该的。何况在杜甫不过是举手之劳。可是我们的大诗人不愿意,作为一个浑身傲骨、傲气的诗人,这是怎样屈辱的生活啊!

本来,为了生存,为了妻子儿女,他还能忍着。一年,两年,他终于感到无法忍受的压抑,他不愿再为这些武夫指使了,他终于旧病复发,忍不下去了。杜甫的情绪就是这样多变。

杜甫要走了,他终于走了,什么也留不住他,也许他是要找回诗人的尊严,也许他想回到故乡的怀抱,总之他决计又要走了。房屋田产不要了,鸡鸭桃李不要了,男奴女仆也不要了。他带着妻子儿女,走向波涛起伏、一泻千里的荆湘。

但是,前方是什么?

附录五:杜甫为什么要离开四川?

杜甫在四川成都已经有了较为稳定的生活,有草堂,有田地,有松树翠竹,有朋友,后来又有了"工作岗位",虽然有时因为战乱,去梓州避一阵子,但不久又回到了草堂,这段日子虽然不很富裕,但比起举家流浪,风餐露宿,在荒野上奔波,在河湖上漂泊总要好得多。

后来,杜甫到了夔州,受到了小军阀柏茂琳的优厚待遇,柏给了他一个很大的庄园。杜甫又有了草堂,种菜,种果树,种粮食,还养了一群鸡鸭,有了好多个男女奴仆,生活是完全不需发愁的,照理他完全应该安顿下来,就像陶渊明那样安安心心地好好过日子了,可又为什么要决定离开呢?

当我读到杜甫在流浪中写的那些痛彻心扉的诗歌时,我不禁怨恨起杜甫所作的决定来。好端端地你为什么要离开四川?难道你还没有尝够流浪的滋味? 难道你还要拖着一家老少"天当房,地当床",忍饥挨饿,乃至倒毙在路旁?

那么,杜甫到底为什么要出峡去,前往天空地白的荆湘大地呢? 有人以气候恶劣、有人叛乱为理由,来说明杜甫要离开四川的原因。

比如冯至说:"夔州气候恶劣,朋友稀少,生活虽可维持,也不想在这里久居。"(冯至:《杜甫传》,百花文艺出版社 1999年版)

我不同意这种观点。四川的气候并不差,小动乱到处都有,而且也不一定会影响到他。朋友可以自己找,何况杜甫的朋友一直并不多。在我看来,杜甫离蜀的主要原因还在杜甫自己。

这主观因素,我认为大致有三方面:

首先是杜甫不肯委曲求全。在成都他曾做了严武的幕僚,后来还被任命为"工部员外郎",可是他与年轻的同事搞不好关系。本来,同事之间互相妒忌、背后议论是常事,哪个人前不说人,哪个人后不被说。气度大一点,什么事也没有,为此严武还设宴劝过他,要忍耐,可是他不但不听,还借着酒醉大骂严武,以致惹得严武都想要杀他。后来严武死了,他失去了靠山,更觉得待不下去了,只好买舟东下。

在夔州,柏茂琳之所以优待他,首先是出于敬佩。柏茂琳是个武夫,但他看重诗文,佩服这位大诗人的才华。当然除了佩服外,还有利用的成分,利用他为自己写写诗文,这也是人之常情。所以凡有什么文书方面的事都来请杜甫帮助,连柏茂琳的妻儿的私事也来相烦。

照理,你吃别人、拿别人,被别人差使也是很正常的,何况对杜甫来说不费吹灰之力,可杜甫不干。他常常发怨言,以致最后搁笔而去,离开了夔州。杜甫在夔州总算住了两个年头,能忍到两年,对杜甫这个"性偏躁"的人而言已经不容易了。

第二个原因,我觉得是因为"恋家"。杜甫是一个"恋家"的人,他始终惦记着长安,惦记着东都,那儿有他的庄园,有他的"家",他曾写诗说:

此生那老蜀,不死会归秦。(《奉送严公入朝十韵》)

意思是我这一辈子怎么能在四川住下去呢,只要不死,我就要回到长安,回到河南去。

他的那首被称为生平第一快诗的《闻官军收河南河北》,固然是写他听到安禄山叛军大败的消息而高兴,但主要还是为能够回到长安、洛阳去而兴奋。

"即从巴峡穿巫峡,便下襄阳向洛阳。"他已经把回去的路线都设计好了。

第三,他始终不能融入四川这块土地,始终不习惯那里的生活,他甚至看不起那里的风俗习惯,看不起那里的人们,认为他们是不开化的"下愚"。

在成都,在梓州,在夔州,他的诗里都表现出这种"讨厌"的心态。

厌蜀交游冷,思吴胜事繁。(《春日梓州登楼》)

他"讨厌"四川的交游,他想念青年时代曾经游历过的吴越,那里有很多"胜事",什么胜事呢? 他的《壮游》透露了一点消息。

"越女天下白,鉴湖五月凉;剡溪蕴秀异,欲罢不能忘。"鉴湖在绍兴的西南面,剡溪在奉化一带,是蒋介石的故乡,那里有肌肤白如雪的姑娘,就是到了老年,杜甫仍不能忘怀。

应须理舟楫,长啸下荆门。

他已经等不及了,赶快整理船只,唱着歌,吟着诗,顺江而下到湖北去。

他对巴蜀有偏见:

巴蜀倦剽劫,下愚成土风。(《赠苏四》)

形胜有余风土恶。(《峡中览物》)

在杜甫看来,这里的风景不错,但这里的民不但"愚",而且"恶",就像强盗那样。

异俗吁可怪,斯人难并居。(《戏作俳偕体遣闷》)

　　意思是这里的风俗实在不敢苟同，我难以与他们居住在一起。

　　　　瘴疠浮三蜀，风云暗百变，卷帘唯白水，隐几亦青山。

　　他把四川说成是瘴疠之地，是传播疾病的地方。甚至连四川的白水青山他都看不惯了，一个"唯"字，一个"亦"字，便表现出他的不屑一顾的神情。就是那句有名的"门泊东吴万里船"，也是表达他想急切地离开四川到吴越去的迫切心情。

　　其实，众所周知，四川绝不是如杜甫说的那样，恰恰是人杰地灵之所在。杜甫之所以对它"厌恶"，是因为对四川缺少感情。

　　不过，在我看来，以杜甫的性格，即使回到了长安、洛阳，也不会有好心情的，在长安生病时他不是也同样写诗骂过长安吗？

　　　　疟疠三秋孰可忍，寒热百日相交战。

　　写到这里，我不禁又想起了中国另外一个大诗人苏东坡。他各方面的能力都比杜甫强得多，对百姓的实际贡献更比杜甫多，而他受的冤屈也比杜甫深得多，他被一贬再贬，贬到黄州，贬到岭南，贬到海南，在当时，那才真正是瘴疠之地，但苏东坡并没有一句怨言，照样热爱生活，热爱那里的人民，留下许多动人的故事。他在那里办教育，办慈善基金会，办医院，把中原文化带过去，甚至还教那里的人们耕种，使用插秧机。苏轼不但给别人带来恩惠，而且自己也活得高高兴兴，坦坦荡荡。他在回顾自己一生时，竟然把自己一生的成就归结为被贬的这三个地方：

问汝平生功业,黄州惠州儋州。

姿态何其高,心态何其豁达!
他在一首诗中,甚至把自己说成是海南人了:

我本海南民,寄生西蜀州。忽然跨海去,譬如事远游。

他培养了一个学生鼓励他去参加科举考,临行时还送他两句诗:"沧海何曾断地脉,白袍端合破天荒。"说他一定能打破零的纪录,为海南争光。

苏东坡有诗云,"此心安处是吾乡","也无风雨也无晴",这样的诗句在东坡集子中比比皆是,所以,他到哪儿都能安心、都能融入、都能进取。

而这样的诗在杜甫全集中连一句也找不到。相比之下,杜甫的人生境界就不够超然了。结果是苦了自己,也苦了家人。

杜甫离开四川,虽然有种种具体的原因,但主要责任还是在他自己。心中的魔鬼,促使杜甫不安于四川,杜甫要离开四川,也是必然的!

漂泊荆湘

纵观杜甫的一生,我们可以把他的人生分为五个时期:

读书、壮游(35岁以前);

长安求职(35~44岁):天宝十四载(755年)十月,44岁的杜甫才被任命为河西尉,后改右卫率府曹胄参军;

陷贼与为官(44~48岁):公元755年十一月发生安史之乱,次年(756年)6月长安陷落,杜甫流亡,被叛军俘获,次年(757年)四月,逃归凤翔肃宗行在,被任命为左拾遗,不久被贬为华州司功参军,公元759年七月,杜甫弃官,先往秦州(甘肃天水)同谷,12月又往成都。

暂栖巴蜀(49~54岁):49~50岁在成都草堂,后又漂泊四川各地,53岁又回草堂,友人严武保举他为检校工部员外郎,次年严武突然去世,他只得离开成都。

漂泊荆湘(54~59岁逝世):杜甫在夔州住了近两年,57岁乘船出峡,想回家乡。59岁冬,死在由潭州到岳阳的一条船上。

现在我们要讲杜甫生命的最后一个阶段了。

大历三年(768年)正月,杜甫一家从白帝城出发,东下江

陵。杜甫和弟弟杜观约定在江陵见面。不知为什么,到了江陵,杜观在杜甫的诗里却没有露面。

杜甫只好把妻子和儿女寄放在朋友家里,自己去谋生。这时,杜甫在江陵不断收到家人的消息,得知他们生活贫困。但诗人远在异乡,自顾不暇,对此也无能为力。诗人此时的心绪想必是极端痛苦的,因为他自己也在异地面临更为窘迫的生活。生活无依,当然就需要更多的接济,但同时他也会感受到更多的冷遇乃至凌辱。这对于心高气傲的诗人来说,无疑是更大的打击。所以,他往往发出这样的感叹:

　　饥藉家家米,愁征处处杯。休为贫士叹,任受众人咍。
(《秋日荆南述怀三十韵》)

　　苦摇求食尾,常曝报恩腮。结舌防谗柄,探肠有祸胎。
(同上)

生活一天比一天恶劣,身体一天比一天衰老,在这种情况下,诗人难免有穷途末路之感。他绝望地说:

　　百年同弃物,万国尽穷途。(《出江陵南浦寄郑少尹》)

　　天意高难问,人情老易悲。(《送马大卿恩命赴阙下》)

是老天要作难我,还是因为我老了,常常感到悲伤。

这时候,时局仍然是混乱不堪,众多的内乱与边患使得诗人不知道何去何从。留在江陵不行,去家乡河南,也不行。

　　大历三年晚秋,他携带家眷离开江陵。但在新的地方,杜甫仍然感觉到人情冷暖和世态炎凉,这又促使他在出世与入世中徘徊。他有了去庐山学佛的念头,但最终考虑到他在湖南的亲友较多,因此决定去湖南。

　　768年底,杜甫抵达了岳阳。大概是岳阳城的壮阔景象使诗人的心情稍许有了回升,他在岳阳楼上吟出了宏伟的诗句:

> 昔闻洞庭水,今上岳阳楼。
> 吴楚东南坼,乾坤日夜浮。
> 亲朋无一字,老病有孤舟。
> 戎马关山北,凭轩涕泗流。(《登岳阳楼》)

　　杜甫年少时听说洞庭湖水势浩渺,无奈时局艰难,到现在才得以登上湖边的岳阳楼。只见吴越两地被广阔浩瀚的湖水分割于东南,乾坤在苍茫的湖面上日夜浮沉。杜甫被这壮观的景象所震撼。但正是这壮观的景象,勾起了他的身世之感。他想到,如今亲戚朋友,竟无一点音信,是自顾不暇,还是把我忘了? 我这个漂泊江湖的诗人,衰老多病,只有孤舟相伴。站在岳阳楼上,遥望关山以北,诗人想到,家乡仍然是兵荒马乱、烽火连天,不禁是忧从中来,涕泪滂沱。

　　在岳阳,杜甫感到举目无亲,于是沿湘江南下衡州(今湖南衡阳),准备投靠那里的刺史韦之晋。

　　杜甫是大历四年(769年)早春离开岳阳的。从岳州到衡州,勤奋的诗人沿途写下了许多纪行诗。到达衡州以后,诗人终于见到了韦之晋,但此时他却又要调往潭州任刺史,真是天不从人愿!

韦之晋本想邀约杜甫同行,但无奈他又病倒了,只得停留在衡州。当他返回潭州时,韦之晋已在夏天突然病故。诗人悲怆地写道:

　　童孺交游尽,喧卑俗事牵。老来多涕泪,情在强诗篇。(《哭韦之晋大夫》)

此时此刻,杜甫又想到北归。但这谈何容易! 杜甫在一叶小舟上,彷徨着,不知路在何方。他只能漂泊,漂泊,茫茫大地,哪里是他的家呢?

在潭州,有一件事,对杜甫很有意义。

杜甫在临死前一年,在潭州(长沙)遇到了一个奇人,杜甫对他佩服得五体投地,尽管他对李白、高适、岑参的诗都有很高的评价,但都比不上他对苏涣的赞美。杜甫为他们的相遇写了一首诗,还有很长的一个诗序,简直把苏涣捧上了天:

　　苏大、侍御、静者也,旅寓于江侧,不交州府之客,人事都绝,久矣。肩舆江浦忽访老夫舟楫而已。茶酒内,余请诵近诗,肯吟数首,才力素壮,辞句动人,接对明白,忆其涌思雷动,书筴几杖之外,殷殷留金石声。赋八韵纪异,亦见老夫倾倒于苏备至矣。

　　庞公不浪出,苏氏今有之。再闻诵新作,突过黄初诗,乾坤几反复,扬马宜同时,今晨清镜中,胜食斋房芝。余喜发却变,白间生黑丝……(《苏大侍御访江浦,赋八韵纪异。有序》)

他把苏涣比作东汉隐者庞德公,又说苏的诗超过建安文学,又说他的诗歌就是扬雄、司马相如两人相加也不过如此。还说看了他的诗，胜过吃返老还童的灵芝草，使他的白发生出黑丝。

这样评价别人的诗，在杜甫一生中是绝无仅有的。其实从现存的几首诗看，杜甫的诗不知比苏涣的诗要好多少倍，但杜甫又为什么对他如此倾倒呢？

苏涣原先是一个盗贼，后来觉得做盗贼没有出路，便去参加科举，居然榜上有名。后来又与人勾结反叛朝廷，与杜甫相遇时，正是苏涣打算在此落草的时候。

以一个忠君的儒生，每饭不忘君的儒生，居然赞美并倾倒于一个造反诗人，实在匪夷所思。我想，兴许这与杜甫当时的处境有关。在长期受苦受难后，这位儒者在感情上起了变化，由同情受苦人而同情反抗者，进而他的心在盼望反抗，盼望"革命"。阿Q受的苦多了，也会说"妈妈的，造反吧！"

苏涣造反持续了两年，终于遭到杀身之祸。杜甫曾反对造反者，曾大骂其为盗贼，极力主张镇压，今天却又同情且欣赏造反者了，这难道是偶然的吗？

不知为什么，写到这里，我突然想到鲁迅曾给瞿秋白写的两句诗："人生得一知己足矣，斯世当以同怀视之"，下面的署名是"洛文"，洛文者，堕落文人也。

大历五年（770年）暮春，适逢落花时节，杜甫遇见了李龟年。李龟年是他少年时代的朋友，也是当年出入宫廷的歌唱明星。如同在夔州遇见公孙大娘的弟子一样，与李龟年的重逢也使他不胜感慨，为此，他写下"正是江南好风景，落花时节又逢君"的名句。

这年四月，潭州出现叛乱，诗人连忙带着妻子、儿女逃往郴州，投奔其舅父崔伟。不曾想，这次逃难竟然是杜甫一生中的最后一次！

诗人之死

杜甫到底是怎么死的？这在历史上一直是一件公案。

有人说，杜甫是病死的。

有人说，杜甫死于牛肉白酒，是饫死，用现在话说就是饿久了，一下子吃得太多，胀死了。

还有一种说法也是说死于牛肉白酒，但不是饫死，而是食物中毒而死。

第四种说法说杜甫是被大水淹死的。

总之，和李白之死一样，杜甫之死，也是一个谜。但有两点可以肯定的是：一、他是死在漂泊的船上；二、李白死的时候身边没有一个亲人，而杜甫死时，是妻儿绕膝的。

那么，杜甫到底是怎么死的？各种说法似乎都有一定的道理。

一种说法是病死，属于自然死亡。

这一派认为杜甫在死之前身体已经垮了。是酒，毁坏了他的健康。

杜甫嗜酒终生，他对酒的依赖程度，甚至不亚于李白。他自己说："性豪业嗜酒，嫉恶怀刚肠。""饮酒视八极，俗物多茫茫。"

在 42 岁那年,他还写过一首《醉时歌》,诗题下注"赠广文馈学士郑虔"。

> 得钱即相觅,沽酒不复疑。
> 清夜沉沉动春酌,灯前细雨檐花落。
> 忘形到尔汝,痛饮真吾师。

这首诗说自己十分敬佩郑虔,郑虔是他的好朋友,能诗能画,会写字,会弹琴,是星象学家,又写得一手好文章。玄宗曾为他题"郑虔三绝"四个字。这人好酒,饭吃不吃饱没关系,没酒喝不行。没钱就去讨钱沽酒。杜甫对他敬佩得五体投地,称他是饮酒的老师。他死后,杜甫写文章哀悼他,说从此天下没有文章了。

杜甫在任左拾遗时,也没有因为官居谏职而停止好酒。他的《曲江二首》是最真实的记录。

> 细推物理即行乐,何用浮荣伴此身。

他自己以为悟出人生的意义就是及时行乐:

> 朝回日日典春衣,每日江头尽醉归。
> 酒债寻常行处有,人生七十古来稀。

每天都要质当衣服去喝酒,而且总要喝到尽醉而归,没有衣服拿去当,就赊账,而且处处有酒债。酒喝多了,会伤身体,他顾不了那么多了,反正人活到 70 岁是很少的。

另有一首《曲江对酒》也写到,为了纵饮,连职务的事也懒得去做了,所谓"懒朝",懒得上朝了。这与李白的"天子呼来不上船"也差得不远了。

不妨再引两例:

> 街头酒价常苦贵,方外酒徒稀醉眠。终须相就饮一斗,恰有三百青铜钱。(《逼仄行》)

> 莫思身外无穷事,且尽生前有限杯。(《漫兴九首》)

> 浅把涓涓酒,深凭送此生。(《水槛遣心》)

总之是为了喝酒,命也不要了。

前面提到,杜甫56岁那年,喝醉了酒,要骑马归家,别人劝他不要骑马了,他不听,说自己是骑马能手。他年轻时确实是个骑马高手,他对马的喜爱在诗里也曾屡见。那一天,正好是夔州刺史柏茂琳设宴招待。他从白帝城跑到瞿塘"低身直下八千尺",使路旁白垩粉墙像电闪一样急驰而过,他自以为得意,不提缰绳放马飞跑,马跑出了汗,雄猛难当,哪料到底是个醉汉,一下子从马上摔下来,跌伤了。朋友们来慰问他,带了酒肉来,他又开怀痛饮了。

后来,他写诗还得意地描述这件事:

> 向来皓首惊万人,自倚红颜能骑射。
> 酒肉如山又一时,初筵哀丝动豪竹。
> 苦指两日不相贷,喧呼且覆杯中醁。

他对别人的慰问还认为是多事："何必走马来为问，君不见嵇康养生被杀戮。"

言下之意是，嵇康那么讲养生，不是照样送了命。

长期酒精中毒，再加上经常长途的奔波，饱一顿饥一顿，所以杜甫的健康状况受到严重损害，他生了好多病，糖尿病、肺病、风痹、半身麻木。不到 60 岁的人，已百病缠身，这些病症，在他的诗里都有直接或间接的记载。

"我多长卿病，日夕思朝廷。肺枯渴太甚，漂泊公孙城。"（《同元使君春陵行》）长卿就是司马相如，他也生糖尿病，当时叫消渴疾。

> 病渴三更回白首，传声一注湿青云。
>
> 老妻忧坐痹，幼女问头风。
>
> 右臂偏枯半耳聋，悠悠伏枕左书空。
>
> 我疾书不成，成字读亦误。呼儿具纸笔，隐几临轩楹。
>
> 作诗呻吟同，墨淡字敧倾。

杜甫五十几岁时，那些比他大的、与他同龄的、比他小的好朋友都相继去世，公元 761 年，王维去世，762 年李白去世，763 年房琯去世，765 年高适去世，767 年严武去世……这无疑在他心里投下了阴影，他失去了依靠，生活更为孤独，自然也会有下世之感。再加上经不住漂泊之苦，饥饿，劳累，他的健康状况更是急转直下，最后死在一条船上。

另一种说法是，在大历五年（770 年）夏四月，他进入湖南境内，到了耒阳，被阻五天，耒阳县令听说了这件事，送来了牛肉、白酒，因为饥饿的时间太久，一下子吃得太多，便胀死了。新旧

唐书中《杜甫传》也持这种说法。

关于这件事,唐人郑处海的《明星杂录》最早记载:"杜甫客耒阳,游岳祠。大水骤至,涉旬不得食。县令具舟迎之,令尝馈牛炙白酒,杜甫饮过多,一夕而卒。"送牛肉与酒的事,杜甫自己也有诗记载。杜甫当时写诗感谢聂县令,说"礼过宰肥羊,愁当置清醥"。

还有一种说法,说是因为聂县令送的牛肉多,一时吃不了,当时船上又没有冷藏的条件,第二天变了质,杜甫舍不得扔,再吃,食物中毒,得了急性肠胃炎,各种疾病并发,死了。近人郭沫若就持这种说法。他发挥想象,运用"现代科学"进行解释,也算煞费苦心。

但有人反对这种说法,认为首先是没记载,是猜测。其次认为牛肉白酒,没有致人死命的道理,虽说杜甫当时身体不好,也不至于突然死去,说那是冤枉和丑化杜甫。

甚至还有人假韩愈之名,做了一首诗《题杜子美坟》,来推翻这种说法:

> 当时处处多白酒,牛肉如今家家有,饮酒食肉会如此,何故常人无饱死?

这首诗在韩愈集子里没有,不像是韩愈写的。这个作伪者认为杜甫可能是淹死的。因为发大水,船又破旧,晃得厉害,杜甫喝了酒不慎落水被淹死。

这就成了第四种说法,造出了屈原、李白、杜甫三人,同样的命运,都死于水,"三贤所归于一水"的说法。

这首诗中还说:"坟空饫死已传闻,千古丑声竟谁说。"

很明显，作伪者认为"饫死"不光彩，留下了千古丑名。其实这也没有什么可害羞的，也无损于杜甫的形象，一个饿了好多天的人狼吞虎咽，想多吃一点，也是人之常情。牛肉在夏天容易腐化，船上湿气又重，腐肉有毒性，吃了引起并发症，心脏恶化致死，也是完全有可能的。

不过，在我看来，其实关于杜甫是怎么死的，并不重要，值得我们深思的是为什么当时人对他的死没有确切的记载？我觉得道理很简单：杜甫之死在当时没引起注意，是因为杜甫是个小人物，在当时人看来不值得记载。

确实，杜甫不算是一个政治人物，杜甫一生在政治上的建树，几乎没有多少可以值得提起的东西。因为他根本没有那样的机会。他要报效祖国，他要忠于朝廷，他反对叛乱，但是历史没有给他多少机会。他在肃宗朝里，仅此一次的"仗义执言"，也险些招来杀身之祸。从此被朝廷疏远，其他的时间始终是默默无闻，生活在贫民中间。

杜甫死了，他的死虽然在当时没引起人们的注意，但是，后人却记住了他，这就是历史的辩证法。

杜甫死了，他给我们留下的精神财富是极其丰富和宝贵的。他的诗歌作为民族文化遗产，丰富了中华民族的文化宝库，永远滋润着中国人的心田。

结束语

　　杜甫留给我们的财富是宝贵而丰富的,尤其是他那些反映与同情弱势群体的诗篇。

　　读着杜甫的诗篇,凡生活在优裕环境中的人们,应该多想想那些物质和精神都处于极度贫乏中的人们,多给他们一点关怀,多给他们一些爱!

不管是怎么死的,杜甫终究是死了,死在一条破船上。守在他身边的只有年近五十岁的老妻和未成年的孩子们。

　　一棵大树倒下了,虽然这棵大树早就朽烂不堪。但总算还支撑着这个苦难的家。

　　他死后,妻子和孩子们怎么办? 这是杜甫死而不能心安、死而不能瞑目的地方。

　　才华盖世的一代诗人,竟遭这样一个下场,这是我们民族的耻辱! 我们的民族没有能使诗人活得好一些,这是我们的悲哀。

　　杜甫死后,他所钟爱的、也能写一手好诗的儿子宗武也死了。这一家人后来的故事,更显茫然。

　　幸好,40年后,他的孙子嗣业,还能撑起家业,他无愧于"嗣业"这个名字。他把杜甫的墓从湖南岳阳迁葬到河南巩县,请元缤写了墓志铭。杜甫躺在杜预、杜审言的身旁。他的灵魂回到家乡,得到了安息!

是的,杜甫太累了,杜甫太苦了,他应该休息了!

当我讲完杜甫的故事时,心里感觉沉甸甸的,人生多苦,活着不容易,尤其是生活在中华大地上的子民!

但是,与李白一样,杜甫毕竟生活在开放的大唐,无论颓废也好,狂放也好,他们是活在真实中的。他们有话便说,他们敢说真话,不必顾忌会被打成"反动分子",他们不窝囊!

杜甫留给我们的财富是宝贵而丰富的,尤其是他那些反映与同情弱势群体的诗篇,直到今天,还有着它的现实意义。读着杜甫的诗篇,凡生活在优裕环境中的人们,应该多想想那些物质和精神都处于极度贫乏中的人们,多给他们一点关怀,多给他们一些爱!

至于杜诗给予后代文人诗歌创作的滋养,那更是不可估量的。就拿大诗人苏东坡来说,他的作品中便有很多直接引用、套用、化用杜甫诗句的诗词,更不用说它的间接影响了。

杜甫的诗歌可以光照百代,泽被后世,我们每一个中国人都应该感谢杜甫,对之肃然起敬!

杜甫评说

杜甫为什么活得这么累？

　　我以为主要有四：一是时运不济；二是不擅治生；三是性格"褊躁傲诞"；四是不肯委曲求全，自视清高，高不成低不就。

　　杜甫的前半生，三次考试皆落榜，他的后半辈子，除了做了两年左右的官，其余时间，几乎都是过着漂泊流浪、寄人篱下的生活，杜甫的一生实在活得太累了。

　　有一本叫《浣花旅地志》的书，记载了这样一段话："杜甫寓蜀，每蚕熟，即与儿躬行而乞曰：'如或相悯，惠我一丝两丝。'"说杜甫在四川，每到蚕成熟了，他就向小孩乞讨，他居然对孩子说：如果你们可怜我，请给我一两根丝线吧！

　　这件事是不是真的？我们不能武断，我们只能从杜甫后半生苦难的经历中去寻找蛛丝马迹了。

　　当时，他有个住在长安城南郊的族孙，叫杜济。生活虽不宽绰，但总算还可以维持。杜甫便经常去他家混饭吃。时间长了，这位族孙，心里总不舒服，出于对长辈的礼节，嘴上不便说，就用肢体语言来发泄对他的不满。比如从井里打水时，故意把水桶搅得很响；割菜时，故意乱砍一气，以便做给杜甫看。

杜甫是个很敏感的人，自然能感觉到别人是在下"逐客令"。他写了一首《示从孙济》诗，记载了这件事：

> 平明跨驴出，未知适谁门。权门多噂喈，且复寻诸孙。小人利口实，薄俗难具论。所来为宗族，亦不为盘飧。勿受外嫌猜，同姓古所敦。

这简直就是曹植七步诗"煮豆燃豆萁"的翻版！他是在教训族孙不顾同宗的关系，竟然嫌弃他。这时杜甫还只有三十六七岁，离他父亲去世还不到一年。

说实在的，杜甫这时的生活和形象实在是有些狼狈："饥卧动即向一旬，敝衣何啻联百结。"（《投简咸华两县诸子》）常常是十几天没什么吃的，饿得起不了床，即使起来了，也没一件像样的衣服可以穿。

有一次，一位姓韦的朋友去看他，杜甫居然让蓬头垢面的妻子出来见客。客人实在看不下去了，马上退出，后让他的妻子送来一种叫夜飞蝉的头饰。

还有一次杜甫在长安闹疟疾，病得差点死去。大病初愈，他便挂着拐杖出门散心，有意无意地来到王倚家门口。王倚见他可怜，买肉买酒，招待了他。杜甫感激涕零，作《病后过王倚饮赠歌》致谢，说："但使残年饱吃饭，只愿无事长相见。"一顿饭，就让杜甫感激涕零了！

后来杜甫被迫离开长安，流落到了成都，一家人先是借住在浣花溪畔的一座古寺里，家里都揭不开锅了。杜甫对此有所记载：

> 入门依旧四壁空，老妻睹我颜色同。痴儿不知父子礼，

叫怒索饭啼门东。

小儿饿得实在是扛不住了，也就顾不得父子之礼，冲着父亲一阵怒吼，叫他赶快到邻居那里去讨口饭回来吃。没有办法，当过几天小官的杜甫实在拉不下面子。但也只好硬着头皮，给老乡、彭州刺史高适发出求援信："百年已过半，秋至转饥寒。为问彭州牧，何时救急难？"高适从百里之外背米来接济他，邻里又送他些小菜，使他免却了无米之炊的困苦。有杜甫诗为证：

古寺僧牢落，空房客寓居。故人供禄米，邻舍与园蔬。

至于向军阀投靠乞讨的事，那就更多了，我们在前文已作了介绍。

问题是杜甫为什么会落到这般地步？他过着近似于乞丐生活的原因到底是什么？我以为主要有以下四个原因：

一是时运不济。

杜甫年轻时，不大求上进，《唐才子传》说他"少贫不自振，客吴越、齐赵间"。公元747年，风流天子唐玄宗诏令天下才子到京师就选，颇有些诗名的35岁的杜甫才兴冲冲地前往应试。然而，天不遂愿，据说是奸相李林甫害怕贤才入选不利他把持朝政，从中作梗，搅了局，从而致使无一人及第。而就在此时，杜甫曾任兖州司马和奉天县令的父亲杜闲去世，断绝了生活的来源，迫于生计，他不得不沿街卖药，或寄食于朋友处。这段贫困的羁旅，被他自己写进了一首题为《奉赠韦左丞丈二十二韵》的诗中："朝扣富儿门，暮随肥马尘。残杯与冷炙，到处潜悲辛。"这也是杜甫当"乞丐"的开始。

　　尽管长安的日子苦是苦了些，但他依然舍不得放弃对荣华富贵的追求，不断向权贵投诗，以期引起他们的重视和任用。公元751年，他向玄宗进献"三大礼赋"受到赞许，却命其待制集贤院，最终还是没了下文，结果一等就是整整四年。

　　好不容易当了个右卫率府兵曹参军，杜甫以为自己从此就要飞黄腾达了，不料仅仅一月之后，安禄山造反，打乱了他的计划。保命要紧，大家一窝蜂地逃出了长安。

　　公元757年，郭子仪率兵收复了京师，杜甫随唐肃宗及其百官回到了长安。这一阶段，他总算过了几天安稳日子。可他不知明哲保身，偏偏要替在平乱期间老打败仗的宰相房琯说好话，遂得罪了唐肃宗，被降为华州司功参军，负责祭祀之类的小事，以后就再也没爬上去过。

　　二是不擅治生。因为是公子哥儿，从小只知读书，以后又过着游荡的生活，一旦遇到灾难，便没有应对的能力。

　　三是性格"褊躁傲诞"。这不是我说的，而是参与编纂《新唐书》的宋祁说的。宋祁认为杜甫的性格遗传其爷爷杜审言，即"褊躁傲诞"。《唐才子传·杜审言》也说他"恃高才，傲世见疾"。杜审言是进士，也是诗人，还是武则天的面首张易之兄弟的座上宾。《新唐书·杜审言传》说，杜审言大言不惭地说过："吾文章当得屈、宋作衙官，吾笔当得王羲之北面。"在这一点上杜甫比起他爷爷来毫不逊色，宋王说《唐语林》卷二有所记载，杜甫曾自夸："使昭明再生，吾当出刘、曹，二谢上。"爷爷狂，人家还不得不买账，杜甫狂，却狂得不是时候。《新唐书·文艺上》载述，杜甫与严武吵架的事就充分反映了他的这种性格。连十分诚心照顾他的严武都气得要杀他，可见其多么不近人情。

　　四是不肯委曲求全，自视清高，高不成低不就。《新唐诗》本

传说杜甫:"放旷不自检,好论天下大事,高而不切。"仕途上,杜甫也不是没有机会,而是他自己给耽误了。公元755年,44岁的杜甫忽然收到朝廷的一份委任状,要他去当河西县尉,主要任务是征收赋税,追捕盗贼,而且河西荒凉偏僻,杜甫觉得太苦,不肯上任。后来朝廷转而让他当了右卫率府兵曹参军,他又没好好做就走开了。以后做了左拾遗,又因房琯事件而降官。到了华州,一遇困难,干脆不干了,挂冠而去。

由此可见,杜甫的遭遇,除了时运不济外,主要还是他性格使然。

北宋欧阳修《〈梅圣俞诗集〉序》云:"然则非诗之能穷人,殆穷者而后工也。"清钱谦益《〈冯定远诗〉序》亦云:"诗穷而后工。诗之必穷,而穷之必工,其理然也。""穷而后工"成语字典中对它的解释是:旧时以为文人越是穷困不得志,诗文就写得越好。正因为有过乞丐一般的生活,杜甫才能够写出不少关心劳动人民疾苦的诗来,最终被人称为"诗圣",客观地看"文人当乞丐"真的不是一件坏事。

杜甫逃难路线

从逃难的路线，我们可推知，杜甫的心灵始终是不安静的。

杜甫后半生几乎都是在漂泊逃难中度过。即使是暂时的定居，也是寄人篱下，杜甫的内心仍在漂泊逃难中。他自己曾经写过一首《逃难》诗，概括了他的这种生存状态：

五十白头翁，南北逃世难。疏布缠枯骨，奔走苦不暖。已衰病方入，四海一涂炭。乾坤万里内，莫见容身畔。妻孥复随我，回首共悲叹。故国莽近越，邻里各分散。归路从此迷，涕尽湘江岸。

意思是：我如今已是年过半百的老翁了，半辈子在南北漂泊逃难。破布裹着我的枯骨，劳苦奔走，身子也始终得不到温暖。年纪已老，加上一身是病，眼看着四海百姓生灵涂炭，我忧心如焚。这世界之大，却没有我的立足之地。妻子儿女跟着我，我回头不忍看他们，只有一起悲叹。故乡的人都生活在野草荒地里，邻居们各自逃命，散在各地。那回家的路到底在哪里啊！

每当想起来,我的泪水就会在湘江边流淌个没完。

那么杜甫的逃难路线到底是怎么样呢,下面笔者作一个简要说明,以便帮助读者更了解这位可怜的大诗人:

755年十一月(天宝十四载)安禄山在范阳起兵。在这之前一个月杜甫刚被任命为率府胄曹参军,11月去奉先探亲。

杜甫带领一家到白水,寄住在舅父崔顼家中。

756年六月,叛军攻下潼关。杜甫与表侄王砅夹入逃亡队伍中,开始了逃亡生涯。与妻儿会合后,到距白水60里的彭衙故城同家洼。休息几天后,把家安置到延州(今延安)附近的鄜城城北羌村。

正当杜甫一家人在从白水到鄜州的荒山穷谷中奔逃时,玄宗暗中逃往西蜀,太子李亨在灵武即位。

杜甫得到消息,投奔灵武。756年八月路上被俘,押往长安。

757年四月杜甫逃出长安金光门奔凤翔。

757年五月十六日被任命左拾遗。后因为为房琯辩护,被斥。

757年,闰八月初一,离凤翔赴鄜州探亲。

757年,秋冬到鄜州,写《羌村三首》、《自京赴奉先县咏怀五百字》、《北征》。

757年10月,收复西京,杜甫携家回到长安。

758年6月,离长安。

758年7月到华州司功参军。

758年冬去洛阳。

759年春夏之交,从洛阳回华州。

759年夏天,辞去华州司功,是为"弃官"。

　　(统计除去 756 年春天在率府管理了几个月兵甲武器,除去 757 年五月到 758 年六月在肃宗身边做的一年左右的左拾遗;除去 758 年到 759 年夏任华州司功,即除去这一时期断断续续做的、共两年半不到的官,从 755 年十一月到 759 年六月杜甫至少有两年时间在逃难。)

　　759 年七月去泰州→赤谷→铁堂峡→盐井→寒峡→法镜寺→青阳峡→龙门镇→石龛→泥功山→同谷→积草岭。

　　759 年十月去同谷→木皮岭→水令渡→飞仙阁→龙门阁→剑门→德阳。

　　759 年十二月底到成都。

　　(759 年是杜甫一生中最艰苦的一年,但又是他创作最丰收的一年。)

　　760 年在成都。

　　761 年在梓州→绵州之间。

　　762 年在成都,七月送严武入朝→射洪、通泉→梓州→绵州→梓州。

　　763 年春阆州→绵州。

　　763 年九月梓州→十一月拟去江南章彝设筵→九月梓州。

　　764 年初春阆州(严武来到)→回成都。

　　764 年底到成都任幕府。

　　765 年正月三日辞幕府(只做了几个月幕府)。

　　765 年五月离开草堂(在成都共不满 4 年)。

　　765 年五月离开成都经嘉州(乐山)→戎州(宜宾)→渝州(重庆)→忠州(忠县)。

　　765 年九月云安(云阳)。

　　766 年春夔州(奉节)。

766 年四月～768 年正月在夔州(不满两年)西阁。

767 年瀼西。

767 年十月东屯。

768 年正月中旬起程白帝城放船→三峡。

768 年二月到荆州(江陵)→公安。

768 年冬岳阳→潭州(长沙)。

769 年衡州(衡阳)→潭州→衡州。

770 年衡州→潭州→岳阳之间。

公元 770 年冬,杜甫死在长沙到岳阳的一只小船上。

如果把在成都、夔州暂住也算作漂泊逃难,那么从 755 年算起,杜甫一生中共流浪了 13 年。

如果能安心,如苏东坡所说的"此心安处是吾乡","日啖荔枝三百颗,不辞长作岭南人"。那么,到处是我的家,而漂泊 13 年、14 年、17 年、一辈子又算得了什么呢?

然而,如果我们换一个思路看人生,人到这个世界上来,本来就是匆匆来去的过客,谁又不是漂泊者,谁又不是流浪汉呢?

杜甫投靠过哪些人？

在朝廷陶醉于九重春风,尽情享受凤池恩波;在自己遭难之时才想起百姓之苦。一般人免不了如此,杜甫也是这样。

一个一辈子仰人鼻息、都在求人的人,心理一定是"病态"的。

杜甫也曾做了几天官,在这一时期,他也给我们留下了不少诗句。从这些诗句中,可以看出他是很忠心、很高兴的。不过一般选本不选,说那些诗是杜甫诗中的"糟粕",有损于杜甫"形象",但是如果我们真要了解杜甫其人,是不能不读的。

大家来看看这首诗:

银烛朝天紫陌长,禁城春色晓苍苍。千条弱柳垂青琐,百啭流莺满建章。剑佩声随玉墀步,衣冠身染御炉香。共沐恩波凤池里,朝朝染翰侍君王。（《早朝大明宫成两省僚友》）

五夜漏声催晓箭,九重春色醉仙桃。旌旗日暖龙蛇动,

宫殿风微燕雀高。朝罢香烟携满袖，诗成珠玉在挥毫。欲知世掌丝纶美，池上于今有凤毛。（《和贾舍人早朝》）

纵酒欲谋良夜醉，归家初散紫宸朝。（《腊日》）

昼漏稀闻高阁报，天颜有喜近臣知。官中每出归东省，会送夔龙集凤池。（《紫宸殿退朝口号》）

我有时想，杜甫做左拾遗的时候朝廷还处在战乱中，朝廷绝不会那么富丽堂皇，香烟袅绕，仿佛是在仙境。但是在杜甫笔下，朝廷依然是那么美好、那么宁静、那么和谐。他完全是带着欣赏的、极其兴奋的心情来写这些诗的。所谓"景由心生"，是也！

什么"九重春色"，什么"醉仙桃"，什么"紫陌长"，什么"千条弱柳"，什么"百啭流莺"，什么"声随玉墀步"，什么"身染御炉香"，什么"良夜醉"，什么"天颜有喜近臣知"，什么"共沐恩波凤池里，朝朝染翰侍君王"，还有什么比这些词句更美好？在这里什么百姓的疾苦，什么国家的命运都不见了。要知道，这时还是在安史之乱的非常时期。我们可以设想，杜甫如果继续作朝廷命官，在某种意义上，也不会有什么建树的。

然而这个官杜甫终于没有做下去。原因我们前面已经说了。

丢官以后，杜甫又不得不恢复他傍人、求人的生涯。

世乱郁郁久为客，路难悠悠常傍人。

那么杜甫这一生都求过哪些人呢？

他求过杨国忠

在没做官之前,他曾通过当时的京兆尹鲜于仲通向杨国忠求援。

不得同晁错,吁嗟后郤诜。计疏疑翰墨,时过忆松筠。献纳纡皇眷,中间谒紫宸。且随诸彦集,方觊薄才伸。破胆遭前政,阴谋独秉钧。微生沾忌刻,万事益酸辛。交合丹青地,恩倾雨露辰。有儒愁饿死,早晚报平津。

"有儒愁饿死,早晚报平津。"其中的平津,便指杨国忠。

清朝人仇兆鳌,在给《杜甫全集》作注释时,为杜甫做了辩解。他说:少陵之投书京兆,邻于饿死,昌黎之上书宰相,迫于饥寒,当时不得已而姑为权宜之计,后世宜谅其苦心,不可以宋儒出处深责唐人也。

这话是很有道理的。人迫于饥寒到了要饿死的边缘,求人是不得已的。不过问题是,他明知杨国忠是什么样的人,他还刚刚在《丽人行》这些诗里骂过杨,说他是"雄狐"。明知如此还这样肉麻地吹捧,还去求他,总不是太光彩的事。不"深责"可以,但避讳也不必。

求崔国辅、于休烈

他的"三大礼赋"被玄宗赏识,玄宗邀集贤院测试,崔国辅、于休烈两位是院长,杜甫写诗给他们:

昭代将垂白，途穷乃叫阍。气冲星象表，词感帝王尊。……谬称三赋在，难述二公恩。(《奉留赠集贤院崔国辅于休烈二学士》)

又是表示"难述二公恩"，又是发牢骚怨朝廷不识人，这种情绪是很普遍的，杜甫毕竟是个大才子，且自视很高，求人是不得已，牢骚也是很正常的。

求韦右丞

纨绔不饿死，儒冠多误身。
丈人试静听，贱子请具陈。
甫昔少年日，早充观国宾。
读书破万卷，下笔如有神。
赋料扬雄敌，诗看子建亲。
李邕求识面，王翰愿卜邻。
自谓颇挺出，立登要路津。
致君尧舜上，再使风俗淳。
此意竟萧条，行歌非隐沦。
骑驴三十载，旅食京华春。
朝扣富儿门，暮随肥马尘。
残杯与冷炙，到处潜悲辛。
主上顷见徵，欻然欲求伸。
青冥却垂翅，蹭蹬无纵鳞。
甚愧丈人厚，甚知丈人真。
每于百寮上，猥诵佳句新。

窃效贡公喜,难甘原宪贫。

焉能心怏怏,只是走踆踆。

今欲东入海,即将西去秦。

尚怜终南山,回首清渭滨。

常拟报一饭,况怀辞大臣。

白鸥没浩荡,万里谁能驯?(《奉赠韦右丞丈二十二韵》)

写这首诗时,杜甫已 37 岁,这是他这一时期行为和心情的真实写照,题目虽说是"赠",其实是"陈情",是"求"。虽牢骚满腹,但尚有豪情。

诗一开始就发牢骚,说是"纨绔不饿死,儒冠多误身",其实他曾经也是个纨绔子弟,他在埋怨读书无用。接着说自己如何读书、如何用功,如何像扬雄、曹子建那么有才华,那些大人物如何想巴结他。说自己"读书破万卷,下笔如有神"。这句名句已深深刻在中国读书人的心里,成为大家共同的座右铭。并且说出自己远大的志向"致君尧舜上,再使风俗淳"。这可了不起,要帮助皇上成为"尧舜",要使百姓"提高素质"让民风淳朴。

诗写到此,突然急转直下,说自己不但未有成就,反而到处行乞:"骑驴三十载,旅食京华春。朝扣富儿门,暮随肥马尘。残杯与冷炙,到处潜悲辛。"然后又发牢骚,在牢骚中称赞韦右丞,并希望和感谢他的提携。

最不可思议的是,他与李白一样,诗写到最后,都是"威胁"对方:"常拟报一饭,况怀辞大臣。白鸥没浩荡,万里谁能驯?"

如果你不帮助我,我就要飞走了。

读到这里,我不禁想起了李白的《上安州裴长史书》,虽然一是诗,一是文,但无论结构层次内容口气,都极其相似。都是先说自己的经历志向，都是自我吹嘘一番，然后写自己如何坎坷，再是夸奖对方如何了不起，希望得到理解和提携。

李白的结束语是："若赫然作威，加以大怒，不许门下，逐之长途，白即……永辞君侯，黄鹄举矣。何王公大人之门，不可以弹长剑呼？"

真是何其相似啊！此地不留爷，自有留爷处——我要飞走了。这首诗我作了以上的解读，有些读者一定要怪我在"颠覆"杜甫了，其实我并没有颠覆他。我只是希望不要离开作者当时的现实，把诗歌中的一句两句摘出来，无限地上纲，无限地夸大。比如那句"致君尧舜上，再使风俗淳"。

鲁迅先生说："还有一样最能引读者入于迷途的，是'摘句'。它往往是衣裳上撕下来的一块绣花，经摘取者一吹嘘或附会，说是怎样超然物外，与尘浊无干，读者没有见过全体，便也被他弄得迷离惝恍。"（《鲁迅全集》6卷，《〈题未定〉草》六）

求张垍

翰林逼华盖，鲸力破沧溟。天上张公子，宫中汉客星。赋诗拾翠殿，佐酒望云亭。紫诰仍兼绾，黄麻似六经。内分金带赤，恩与荔枝青。无复随高凤，空馀泣聚萤。此生任春草，垂老独漂萍。倘忆山阳会，悲歌在一听。（《赠翰林张四学士》）

杜甫也真可怜，为了让人推荐，说了那么多好话，对对方的赞美之词可谓无以复加了。张垍是何许人也？他是驸马，据说是曾经作弄过李白的人。

请再看一首赞歌：

相门清议众，儒术大名齐……适越空颠踬，游梁竟惨凄。谬知终画虎，微分是醯鸡。萍泛无休日，桃阴想旧蹊。吹嘘人所羡，腾跃事仍睽。碧海真难涉，青云不可梯。顾深惭锻炼，才小辱提携。槛束哀猿叫，枝惊夜鹊栖。几时陪羽猎，应指钓璜溪。（《奉赠张垍》）

他称张垍是大儒，与其父亲张说齐名，他"顾深惭锻炼，才小辱提携"，惭愧自己缺少水平，有辱你的提携。他求张垍给他一个机会，就像当年文王提拔吕望那样。

求裴冕

裴冕是成都尹兼剑南四川节度使。在玄宗时攀附王拱，在代宗时又攀附李辅国，是个善钻营而不择手段的小人。而且，从朋友的关系说，裴冕正是杜甫的靠山房琯的敌党。可是，杜甫为了投靠他竟肉麻地称他为"主人"。还没见面，杜甫便在《鹿头山》一诗中，向他抛媚眼："冀公柱石姿，论道邦国活。斯人亦何幸，公镇逾岁月。"又是柱石，又是何幸，又是邦国活。赞美至此，无以复加。

求高适

请公问主将，焉用穷荒为。饥鹰未饱肉，侧翅随人飞。高生跨鞍马，有似幽并儿。脱身簿尉中，始与捶楚辞。借问

今何官，触热向武威。答云一书记，所愧国士知。人实不易
知，更须慎其仪。十年出幕府，自可持旌麾……（《送高三十
五书记十五韵》）

高适是他的好朋友，用得着称他为"公"吗？用得着如此吹
捧赞美他吗？杜甫此时的心态便可想而知了。

还是下面这首诗，倒像是朋友的口气，不转弯抹角，直接向
高适"要钱要粮"：

为问彭州牧，何时救急难。（《寄高彭州一绝》）

求哥舒翰

廉颇仍走敌，魏绛已和戎。（《投赠哥舒开府翰二
十韵》）

杜甫把哥舒翰比作善战的廉颇与善和的魏绛，说他战与和
皆行。有讽刺意味的是，哥舒翰后来被安禄山军队捕获，投降，
最后还是被杀了。

求徐知道

徐知道是一个军阀，后来叛乱了，无论从哪方面看都是个小人。
请看杜甫是怎样赞颂徐知道的九岁和五岁的儿子的：

君不见徐卿二子生绝奇，感应吉梦相追随。孔子释氏

新抱送,并是天上麒麟儿。大儿九龄色清彻,秋水为神玉为骨。小儿五岁气食牛,满堂宾客皆回头。吾知徐公百不忧,积善衮衮生公侯。丈夫生儿有如此二雏者,异时名位岂肯卑微休!(《徐卿二子歌》)

吃人家的嘴软,赞美几句也是有的,但没见过这样肉麻地吹捧的。把两个小孩比作孔子佛祖,是天上的麒麟,是梦中的吉星。他们的骨头如美玉,神采如秋水,这样的积善人家,将来前途一定无可限量。

如果不是各个版本都有这首诗,我真怀疑,这首诗不是出自杜甫之手,是哪个人在陷害杜甫!

求花卿

花卿名字叫花敬定,也是一个小军阀。杜甫有一首诗《赠花卿》:"此曲只应天上有,人间那得几回闻。"注释者都说是讽刺花卿,劝说花卿的。那么我们来看一看,杜甫几乎是同时写的另一首:

成都猛将有花卿,学语小儿知姓名。用如快鹘风火生,见贼唯多身始轻。绵州副使著柘黄,我卿扫除即日平。子章髑髅血模糊,手提掷还崔大夫。李侯重有此节度,人道我卿绝世无。既称绝世无,天子何不唤取守京都。(《戏作花卿歌》)

他在为花卿说话:既然我是当今独一无二,天子为什么不让我去保卫京都？可惜，花卿不久被杜甫的另一位恩人严武杀了。

由此可知，"人间那得几回闻"，并非规劝，而是献媚。

求严武

杜甫在成都投靠的主要是严武，关于夸他的诗，那就更多了。

> 酒酣夸新尹，畜眼未见有。回头指大男，渠是弓弩手。名在飞骑籍，长番岁时久。前日放营农，辛苦救衰朽。差科死则已，誓不举家走。今年大作社，拾遗能往否。叫妇开大瓶，盆中为吾取。感此气扬扬，须知风化首。语多虽杂乱说尹……（《遭田父泥饮美严中丞》）

这里的"美"是赞美的意思，这里的"新尹"就是指刚任成都府尹不久的严武"严中丞"。诗是借那个"田父"之口，来夸奖严武。"畜眼"一词特别好玩，说这么好的父母官，连"牛"眼睛都没见过……

还有那首《奉侍严大夫》：

> 殊方又喜故人来，重镇还须济世才。常怪偏裨终日待，不知旌节隔年回。欲辞巴徼啼莺合，远下荆门去鹢催。身老时危思会面，一生襟抱向谁开。

高兴、赞美之情溢于言表。

求章彝

章彝也是一个四川军阀,自封节度使,又觉得不妥,加了"留后"两个字。不过后来还是被杜甫的恩人严武杀了。请看《将适吴楚留别章使君留后兼幕府诸公》:

我来入蜀门,岁月亦已久。岂惟长儿童,自觉成老丑。常恐性坦率,失身为杯酒。近辞痛饮徒,折节万夫后。昔如纵壑鱼,今如丧家狗。既无游方恋,行止复何有。相逢半新故,取别随薄厚。不意青草湖,扁舟落吾手。眷眷章梓州,开筵俯高柳。楼前出骑马,帐下罗宾友。健儿簇红旗,此乐或难朽。日车隐昆仑,鸟雀噪户牖。波涛未足畏,三峡徒雷吼。所忧盗贼多,重见衣冠走。中原消息断,黄屋今安否。终作适荆蛮,安排用庄叟。随云拜东皇,挂席上南斗。有使即寄书,无使长回首。

现在的杜甫是战战兢兢:"常恐性坦率,失身为杯酒。"
现在的杜甫是凄凄惶惶:"昔如纵壑鱼,今如丧家狗。"
现在的杜甫是寻寻觅觅:"有使即寄书,无使长回首。"

求柏茂琳

柏茂琳是一个夔州的小军阀,杜甫靠了他曾经过了两年好日子,有车有马有田有庄园有奴仆。看看杜甫是怎样赞美他的:

纷然丧乱际,见此忠孝门。蜀中寇亦甚,柏氏功弥存……高名入竹帛,新渥照乾坤。(《览柏中丞兼子侄词》)

说他出自忠孝门,名字将载入史册。读着这些诗句,我常常感到滑稽,又忍不住含着眼泪笑出来。

汉朝频选将,应拜霍嫖姚。(《陪柏中丞观宴》)

这是将柏茂琳比作汉名将霍去病。

求韦子晋、裴虬和韦迢

杜甫到湖南的目的是想请韦子晋帮助推荐做官的。可惜他到达那里时,韦子晋已经死了。他又想去投靠道州刺史裴虬和韶州刺史韦迢,但他们都没有关照杜甫。杜甫在寄给裴虬的诗中说得何等可怜:

虚名但蒙寒暄问,泛爱不救沟壑辱。齿落未是无心人,舌存耻作穷途哭。

一味投靠他人总是靠不住的。何况,杜甫总是投靠一个闹翻一个。

关于求助达官贵人,我们就引到此吧。总之,为了做官,为了生活,杜甫廉价地赞美了多少达官贵人,几乎是数不过来了。除此之外,他更多的是求助于亲戚朋友。

下面我们再来看一看,他又求了哪些人。

求孙宰

孙宰是他的故人。在逃难时,幸亏有他的帮助,给热水、给住宿、给吃的,否则,他们一家人,不知要怎么样呢! 诗是后来回忆时写的,实在写得好! 让千年以后的我们如见其人、如闻其声、如入其境。

故人有孙宰,高义薄曾云。

延客已曛黑,张灯启重门。

暖汤濯我足,剪纸招我魂。

从此出妻孥,相视涕阑干。

众雏烂漫睡,唤起沾盘飨。

誓将与夫子,永结为弟昆。

（《彭衙行》）

求孙济

杜济是他的族孙。

平明跨驴出,未知适谁门。权门多噂嗒,且复寻诸孙。诸孙贫无事,宅舍如荒村。堂前自生竹,堂后自生萱。阿翁懒惰久……小人利口实,薄俗难具论。勿受外嫌猜,同姓古所敦。（《示从孙济》）

这是在攀亲。"……刘葵莫放手，放手伤葵根。"这是在教训族孙不要忘了本。然而，有时候，次数多了，这位族孙也给他脸色看了。

求和尚

道林才不世，惠远德过人。（《大云寺赞公房四首》）

这是在秦州住在和尚庙里。

求杜位

杜位是他的族弟，曾经是李林甫的女婿。杜甫求过他。但十多年后，杜位也落难了。这是在杜位家过除夕时写的。

四十明朝过，飞腾暮景斜。谁能更拘束，烂醉是生涯。（《杜位宅守岁》）

既要求人，又不肯屈己，嘴上说不肯屈己，行动上又不得不阿谀人，这就是杜甫的矛盾。看到别人在杜位面前，伛偻俯仰，小心翼翼，生怕得罪他，而杜甫却不愿，他情愿在烂醉中度过一生。

求王十五司马弟

客里何迁次？江边正寂寥。肯来寻一老，愁破是今朝。

忧我营茅栋,携钱过野桥。他乡惟表弟,还往莫辞遥。萧八明府实处觅桃栽,奉乞桃栽一百根,春前为送浣花村。河阳县里虽无数,濯锦江边未满园。从韦二明府续处觅绵竹,华轩蔼蔼他年到,绵竹亭亭出县高……(《王十五司马弟出郭相访遗营草堂赀》)

对这位兄弟的帮助,他是很感激的:"忧我营茅栋,携钱过野桥。"写出了他的感激之深。

求郑广父

赖有苏司业,时时乞酒钱。(《戏简郑广父》)

求邻居

隔屋唤西家,借问有酒不?(《夏日李公见访》)

求舅舅

吾舅政如此,古人谁复过。(《白水明府舅宅喜雨》)

这是天宝十四载(755年),来往于奉先白水间写的。

杜甫求过的朋友,不是能数得过来的。

求人是难的,不如愿时不免发发牢骚,他有好多诗,其实都是牢骚诗,我们不必要把它拔得很高:

"翻手作云覆作雨,纷纷轻薄何须数。君不见管鲍贫时交,此道今人弃如土。"（《贫交行》）清人仇兆鳌在注释中，说了这样一段话：公见交道之薄，而伤今思古也，此必公献赋后，久寓京华，故人莫有念之者，故有此作。这就是说，落难时，没人关照他，所以写了这首诗。

晚将末契托年少，当面输心背后笑。……寄谢悠悠世上儿，不争好恶莫相疑。（《莫相疑行》）

这是在严武手下做幕僚时所写的。杜甫不易与年轻的同事相处，在他眼里，别人都在笑话他、怀疑他。所以，他在劝别人莫相疑。

老翁慎莫怪少年，葛亮《贵和》书有篇。丈夫垂名动万古，记忆细故非高贤。（《赤霄行》）

这是与上一首差不多同时写的。他在劝别人也在劝自己，不要为小事计较。

也许没有人能像杜甫那样深深感到求人的痛苦和难堪。

世乱郁郁久为客，路难悠悠常傍人。（《九日》）

计拙无衣食，途穷仗友生。（《客夜》）

感激时将晚，苍茫兴有神。为公歌此曲，涕泪在衣巾。（《上韦左相二十韵》）

在歌颂别人时,他的心在流泪。

年年至日长为客,忽忽穷愁泥杀人。(《冬至》)

杜甫在想回到故乡去,想自己一辈子怎么会这么惨。
以上是直抒胸臆,更多的是,他含蓄地吐露心中的悲伤。

皮干剥落杂泥滓,毛暗萧条连雪霜。去岁奔波逐馀寇,
骅骝不惯不得将。士卒多骑内厩马,惆怅恐是病乘黄。
(《瘦马行》)

这首诗是在叹昔用而今弃,通过瘦马比自己。

绝代有佳人,幽居在空谷。自云良家子,零落依草木。
关中昔丧乱,兄弟遭杀戮。官高何足论,不得收骨肉。世情
恶衰歇,万事随转烛。夫婿轻薄儿,美人新如玉。合昏尚知
时,鸳鸯不独宿。但见新人笑,哪闻旧人哭?在山泉水清,
出山泉水浊。侍婢卖珠回,牵萝补茅屋。摘花不插发,采柏
动盈掬。天寒翠袖薄,日暮倚修竹。(《佳人》)

通过佳人的遭遇,抒发内心的苦闷。这"但见新人笑,哪闻
旧人哭?在山泉水清,出山泉水浊"的名句,难道仅仅是在说别
人吗?
求爷爷告奶奶,杜甫最后得到什么了呢?
为什么会走到这一步?杜甫在反思。

我衰更懒拙，生事不自谋。无食问乐土，无衣思南州。（《发秦州》）

厚禄故人书断绝，恒饥稚子色凄凉。欲填沟壑唯疏放，自笑狂夫老更狂。（《狂夫》）

杜甫想挣脱世俗，从而得到心灵的平静，但是他不能：

无贵贱不悲，无富贫亦足。万古一骸骨，邻家递歌哭。鄙夫到巫峡，三岁如转烛。全命甘留滞，忘情任荣辱。朝班及暮齿，日给还脱粟。编蓬石城东，采药山北谷。用心霜雪间，不必条蔓绿。非关故安排，曾是顺幽独。达士如弦直，小人似钩曲。曲直吾不知，负暄候樵牧。（《写怀》）

他开始达观了，他希望超脱，任运顺命，不与人争曲直，但杜甫不是苏轼，他的内心仍满怀愤懑。他无法跳出自己的人格圈子。他只能悲叹人生无常：

天上浮云似白衣，斯须改变如苍狗，古往今来共一时，人生万事无不有。（《可叹》）

他在一首看似平淡的诗里，表达了无限的悲伤：

岐王宅里寻常见，崔九堂前几度闻。正是江南好风景，落花时节又逢君。（《江南逢李龟年》）

这一天他遇到了当年的"娱乐明星"李龟年,年轻时的一切又在他的脑海中浮现出来。然而这一切已成了过去。"正是江南好风景,落花时节又逢君"这句诗里,有多少潜台词啊!

在他生命走到尽头时,他终于喊出了最震撼人心的诗句:

> 丧乱死多门,呜呼泪如霰。穷枝叶垂恨?一飘尘冤魂。(《白马》)

是啊,"丧乱死多门"!

杜甫的爱国与爱民

　　唐诗是中国诗歌史上的顶峰，而杜甫是顶峰上的顶尖人物，这没有人会怀疑。杜甫的诗歌是诗歌的典范，是后人学习效仿的榜样，这也不会有人怀疑。杜甫对中国文化的贡献是不可磨灭的。

　　但是，这不等于说杜甫的诗歌是人生价值和社会价值的最高体现，这也不等于说，杜甫其人是一个道德的典范，是一个完美无缺的人。

　　"不平则鸣"，这是文学创作的根本动因。诗歌创作要有激情，而激情则来自内心的冲动，而且往往来自内心的失衡。内心的失衡有种种因素，有为自己，有为他人，也有为国家民族，甚至还有的站得更高，为全人类考虑的。

　　虽然，人总是在唱自己的歌，但是，每个人都生活在一定的社会阶层中，他的呼喊虽然是个人的，但同时或多或少总要代表一部分人。当杜甫身在朝廷中时，他说出了官僚们的共同感受；当他流落荒原、乞食路边时，他的诗又往往代表了广大受难人民的心声。无知的乞丐、无识的难民，有苦是说不出的。杜甫这个有文化的"穷人"，有知识的难民，通过诗歌说了出来，这便是他的价值。

中国传统文化讲究个人的修养,所谓修身齐家治国平天下。我十分欣赏《大学》中的那句话:"自天子以至于庶人,壹是皆以修身为本。其本乱而未治者否矣。其所厚者薄而其所薄者厚,未之有也。"

杜甫因为自身的"性偏躁,无气度","好为大言,高而不切",所以他一面能喊出"朱门酒肉臭,路有冻死骨",说要"再使风俗淳",但一面自己却并不"淳厚",有时还不免刻薄。所以,那些听起来很好听的话,往往不过是大话而已,难的是要身在庙堂而忧其民。这一点不能苛求杜甫。杜甫只是在唱自己的歌。古人、今人的道理其实是一样的。有些人可以"不平",可以说要为改造国民性而鸣,而且确实是出于真心的,但由于自身存在严重的心理和道德缺陷,他的呼喊虽然很深刻,但结果仍然很难有益于社会,有时还会造成破坏社会和谐的恶果——这虽然并不是他本人所愿意看见的。

然而,就这么奇怪,片面的偏激的东西往往深刻。距离产生美。杜甫那个时代并不看好的东西,却常常震撼着后人。韩愈的话是对的:"李杜文章在,光焰万丈长。"

因为韩愈是"后人",如果他与李白、杜甫同时代,也许不会说这样的话了。我丝毫不怀疑杜甫诗歌的伟大,但我还是要说,他们只是伟大的个人的悲鸣,不必硬扯到什么爱国和爱人民上去。

龙应台先生有一篇文章,叫《我不相信》,我觉得说得真好。我不相信,杜甫是因为爱那个国而去写这些诗篇,就同我不相信李白是真的有骨气才说出"安能摧眉折腰事权贵"的话。我不相信杜甫因为热爱人民而写这些诗,如同我不相信郭沫若说杜甫是站在地主阶级立场上为统治者推卸责任。

无数的经验告诉我们,对于一个人应该听其言更要观其行。对古人如此,对今人也是如此;对平头百姓如此,对达官贵人也是如此。

　　这个道理虽很简单,但能做到就不那么容易了。

李白、杜甫、苏轼面面观

	李 白	杜 甫	苏 轼	注 说
家世	公元 701 年生于碎叶，属牛。绝嗣之家，难求谱牒，陇西成纪人，凉武昭王九世孙，一房窜西域，隐姓名。父，以逋其邑，中叶非罪，谪居条支，神龙之始，逃归于蜀。指李树而名之。母家不明。	公元 712 年生于河南巩县，属鼠。祖籍襄阳，奉儒守官，未坠事业。祖上杜预为晋统帅，注《左传》。祖父杜审言，自负"吾文章当诗屈原作衙官，吾笔当得王羲之北面。"恃高才，傲世见疾。父杜闲兖州司马奉先令。母崔氏是大族。	公元 1036 年生于四川眉山，属鼠。祖籍河北赵郡栾城。祖上苏味道为武则天时宰相，祖父苏序，性情开朗，能诗，曾将米换谷以备救灾民。伯父澹、涣。涣 1024 年中进士，父洵固有才智，不能为章句、名教、声律之学。厌恶应试技巧。27 岁始发奋学应试。母程氏，生于官宦之家，书香门第。	李白的家世不明，所引皆出于其自己言说，但生于罪犯、经商之家无疑。祖父的性格影响孙子颇大，李狂放、杜狭隘而苏豁达，于其祖父可见。
少年经历及行为性格	5 岁诵六甲，10 岁观百家。余小时大人令诵《子虚赋》。15 岁好剑术，观奇书。与逸人严东子隐于岷山	九龄作书，作成一囊，往者十四五，出游翰墨场。也酣酒赌博携妓：咸阳客舍无一事，相与博塞为欢娱。	8 岁从庆观道士学童子业，10 岁由母亲亲授，曾讲《范滂传》，12 岁起由父亲亲自教导。教以孔孟之书。	李幼时读杂书，受胡人影响较大。杜甫、苏东坡皆受正统的儒家教育。李、苏性格中皆有

（续表）

	李　白	杜　甫	苏　轼	注　说
少年经历及行为性格	之阳，巢居数年。少任侠，手刃数人，性偶傥，手挥白刃刀，清昼杀仇家。三杯弄宝刀，杀人如剪草。携妓。人生达命岂暇愁，且饮美酒登青楼。好酒：一千三百六十日，一日须倾三百杯。好纵横术，常欲一鸣惊人，一飞冲天。沧海不震荡，何由纵鲲鹏。以大鹏为图腾。	公子调冰水，佳人雪藕丝。好酒：莫思身外无穷事，且尽生前有限怀。	此时，洵已成大学者。敬佩范仲淹，为庆历新政所神往。好酒：三杯即醉。	慷慨一面，李、杜少年时皆荒唐，杜之酒量亦不下于李。
青年时代游历	酒隐安陆，蹉跎十年。东游淮扬，不逾一年，散金三十万。	东下姑苏台，已其游海航，枕戈忆勾践，渡浙想秦皇，越女天下白，鉴湖五月凉。放荡齐赵间，裘马颇轻狂，春歌丝台上，冬猎南丘旁。湘妃汉子出歌舞，少壮几时奈老何。	少年时曾欲上山学道，不乐仕途。	

（续表）

	李 白	杜 甫	苏 轼	注 说
志向	大丈夫当有四方之志。申管晏之谈，谋帝王之术，奋其智能，愿为辅弼，使寰区大定，海县清一。"谈笑静胡沙。"	致君尧舜上，再使风俗淳。	"恨不识范文正公。"奋励有当世之志（苏辙言）"轼若好游，夫人亦许之乎？"结人心，厚风俗，存纪纲。	李杜有大言而无行动。苏少大话，而为民请命，如给皇上奏疏：苛政猛于虎，昔常不信其言，以今观之殆有甚者。如：有田无人，有人无粮，有粮无种，有种无牛。《劝卖灯》：此本民财，当复为民用。
科举	未参加科考，也许因出身关系。求荐，颇卑微：生不用封万户侯，但愿一识韩荆州。自吹：近者逸人李白自峨眉而来，尔其天为容，道为貌，不屈己，不干人，巢、由以来，一人而已。（《代寿山答孟少府移文书》）	24岁、25岁、40岁共参加三次考试，皆落榜。求荐，颇卑微：有儒愁饿死，早晚报平津。	20岁深得张方平赏识，推荐进京。与弟辙同中进士。后连连第一，名动京师。父洵为一代文章宗师，欧阳修叹：读轼书，不禁汗出，快哉快哉……三十年后更无人道着我也。	在正规的科举考道路上，苏东坡是幸运者，李、杜的科举不顺，影响其一生。起点是很重要的。
父母	诗中未提及母，父只提一次。父母死不知。	母早逝。父于杜甫36岁时去世。逃往巴蜀	母于1058年去世，居丧二十七月。父1066年	是否孝敬父母是一个人的基本素质。连父

(续表)

	李 白	杜 甫	苏 轼	注 说
父母	25岁仗剑去乡，一生无再回蜀。以后曾有机会回故土，未回。	前曾返乡巩县，后时时想念惜未能回。	去世，居丧二十七个月。事父母甚孝，第一年俸禄为父买吴道子画，以孝敬。曾三离二返故乡，1068年冬离乡再未回蜀。	母都不在乎的人，怎么会去爱别人呢？若看似爱，则是利用而已。
兄弟	全集中只提到一次兄和弟，有妹圆月，未提及。	有弟四妹一，天各一方。常思念。一弟随之流浪。	有一弟名子由。"我年二十无朋俦，当时四海一子由。"终生相倚，才华相埒，学力相当，出处相同，荣辱与共。与君世世为兄弟，再结来生未了情。有一姐，嫁程家而亡。	四海之内皆兄弟。这是比喻。如果连自己的兄弟都难以处理好关系，又怎么把四海之内当兄弟呢？兄弟之情亦可反映人品之高下。
夫妻	27岁，入赘，许相公家见招，妻以孙女，故相国许氏，后又入赘故相国宋宗楚客氏。山东一刘妇人，曾写诗大骂。吴越一妇人。	妻小杜甫十岁。诗中念念不忘。随之逃难。	19岁娶妻王弗（1065年卒），《江城子》"十年生死"颇为动人。1068年娶续弦王润之："三子如一，爱出于天"，死与之合葬。妾朝云，六如亭。红粉知己。一二侍妻。	不在于是否有婚姻变故，而在于处理变故时的表现。对妻子的态度反映人的情感。从中也可透露人品的消息。

(续表)

	李 白	杜 甫	苏 轼	注 说
子女	子：伯禽、颇黎，女：明月，在诗中多次提到，少照顾，后不知所终。有二孙女，嫁于农夫陈云、刘劝。	子：宗文，宗式，善诗；有女儿，小儿（饿死），孙嗣业。	长子：迈；次子：迨；小儿：过（小坡，斜川集）；小儿遁，早夭。《洗儿》《哭儿诗》诗。十二孙男，长孙箪于祖父去世时已24岁。	对子女是否真的尽到责任，也是衡量人品的一把尺子。
师生	无学生，有粉丝魏万，对他说：而后必著大名于天下，勿忘老夫与明月奴。	无学生，无粉丝。	苏门四学士，苏门六君子。平等，民主，相互批评，诚恳，支持李方叔，哭秦观。	东坡的师生之情有很多感人的故事，无所求而多奉献，旨在文坛后继有人。
仕途	42～44 岁，一年多时间为供奉翰林。高歌取醉欲自慰，起舞落日争辉。仰天大笑出门去，我辈岂是蓬蒿人。写《清平调》："云想衣裳花想容。"长安市上酒家眠。醉后请高力士脱靴，杨贵妃磨墨，因贺知章、吴筠等推荐，"名为朕	44 岁被任命为河西尉，不赴，改任胄曹参军。上任不到一月去探亲。被安禄山俘虏后逃出长安，麻鞋见天子，被任左拾遗。不到一月，为房琯辩护，被疏。第二年贬为华州司功，约一月弃官而去。在成都曾任严氏幕僚，因不耐枯坐，与同事不	26 岁起任凤翔通判，后历任杭州、徐州、颍州、汝州、登州、扬州、密州、湖州、定州太守，每到一地"造福一方"。在朝廷曾任帝师，任付宰相、礼部尚书、国防部长等，上疏朝廷无数。筑堤坝，兴水利，浚水源，抗洪灭蝗，找煤矿，宏观调控，	无论是为民做的事和经历的曲折，李、杜都无法与苏东坡同日而语，李、杜有机会入仕而未如愿，王琦：李白为人疏旷不密，醉中失控，泄露机要。苏东坡几起几落而不改初衷。道理贯心肝，忠义填骨髓。

(续表)

	李　白	杜　甫	苏　轼	注　说
仕途	知",亲调羹。玄宗:此人固穷相。本是疏散人,屡贻褊促诮。恐言温室树。相思不相见,托梦辽城东。上书请还山,玄宗惜而遂之。	睦,而请辞。又推荐为工部员外郎,虚职。任上仅做两件事,救房琯,推荐岑参。曾写几篇疏书,失传。	过细关怀,建办医院,办学堂,设基金,赈穷人,除盗贼,编制度。因与新法有隙,言政,乌台诗案,连连被贬黄州、惠州、儋州。每到贬地仍为百姓办事,如办教育、收容孤儿,埋白骨,开荒,推广插秧机,关心民工子女,传播文化,"沧海何曾断地脉,白袍端合破天荒"。	
思想	以道为主兼从其他。	以儒为主,兼以道,亦曾读佛。	儒为主,儒道释融为一体,不随。	苏的思想丰富、深刻、博大,坚定得多。
心态性格	狂傲。顺则乐,逆则怒,在宫中"一朝君主垂拂拭,剖心输丹雪胸臆。当时笑我微贱者,却来请谒求交欢"。被贬则"安能摧眉折腰"。变化较速。有时卑贱,有时高傲,	思想观点常随处境而变化。在官时:"共沐恩波凤池里,朝朝染翰侍君王。"(《早朝大明宫》)"儒术岂谋身,苦被微官缚。九重春色醉仙桃,宫殿风微燕雀高。朝	少怨言,宽容,超脱,豁达。快乐,耿直,独立。我本麋鹿性,谅非伏猿姿。咒诅诸毒药,愿借观音力,害人与对方,两家都没事。"胜固欣然,败亦可,优哉游哉,聊以卒	如欲交友,大多数人是找苏东坡的,苏东坡能在贬地平静快乐地生活,殊不易也!

(续表)

	李 白	杜 甫	苏 轼	注 说
心态性格	有时卑贱和高傲同时表现。为达目的吹嘘自己,吹捧他人不遗余力。	里香烟携满袖,诗成珠玉在挥毫。"《奉和贾至舍人》)性躁傲诞,悲则大恸,怒则大骂。	岁。"昔之君子惟荆公是师,今之君子唯温公是随,所随不同,其随一也。老弟与温公相知至深,始终无间,然多不随耳。不屈不挠,又宽容他人。	
生活情趣艺术修养	酒、游山、书法、任侠、歌舞。	酒、游山、药材、书法、赏画。	酒(看人喝)、茶(活水活火)、砚(《石砚铭》)、书法、绘画、古董收藏、闲谈、美食、歌舞、医药。三好:好游,好友,好奖掖后进。建筑、爱开雅集。	兴趣广泛正是热爱生活之表现,什么样的兴趣,又反映出是什么样的人。
朋友	多三教九流朋友,少儒者,如侠者、道士、酒徒,如元丹丘。岑夫子,丹丘生,将进酒,杯莫停。有不少平民朋友,如酒店老板:"夜台无李白,沽酒与何人。"轻财好施:"有落魄公子,悉皆济之。"	李白、高适、严武、房琯、郑虔、章彝、花敬定、柏茂琳、岑参、苏涣,不少是依附关系,且不能善终。	自玉皇大帝至乞丐,天下无一不好人,朋友数不胜数,遍及天下,特别是和尚、道士朋友。与王安石君子交。"从公已觉十年迟",宽恕章惇,反对报复,"两家都没事"。朋友遍天下。把敌人当"人"。	朋友多的人,大多性格随和,律己严而待人宽,心地善良,乐于助人。反之,往往性格乖张,尖刻、狭隘、孤傲,过分自我。

(续表)

	李 白	杜 甫	苏 轼	注 说
诗 歌	内容：多山水、交际、酒、女人，亦及政事，多牢骚。 风格：高迈奔放自如。 形式：主要是诗。 数量：九百余首，其次，文、赋十余篇，词二首。	内容：早年多游戏之作，安史之乱后多反映民生疾苦。 风格：沉郁顿挫，语不惊人死不休。 形式：主要是诗，其次文。 数量：有几首词，诗文1 400余首（篇）。	内容：广泛丰富，生活方方面面。大至国事民生，小至烧菜、喝茶、洗澡、擦背。 风格：多样，随物赋形。如万斛源泉，不择地而出。行于当行，至于当止。元气淋漓，波澜壮阔，瞬息万变。 形式：诗、词、文、赋、铭。 数量：诗二千余，词近二百，文倍于诗词，数量倍于李、杜相加。	不同人的诗文，各人有各人的价值，对读者，不同人有不同的判断口味与好恶。李、杜、苏不可替代，都是财富。
经 济 来 源	出川时父亲分的钱财。朋友接济，玄宗赐金。灰色收入，润笔。混迹渔商，隐不绝俗。李璘聘金赏钱。做教练。	祖上田地，父亲俸禄，自己微俸，卖药，大多寄人篱下，乞讨过日。	俸禄。 兄弟支持。	经济是否独立，自然要影响人的行为方式乃至思想、心态、性格，过去知识分子之所以"窝囊"，就因经济命运不控制在自己手里。李、杜的表现是不必苛责的。
死	死因不明，或曰病死安徽马鞍山之当途，或曰	死因有争议，或曰死于饮食牛肉和酒，或曰死	卒于常州孙氏藤花洞馆，平静中死去，死时子	人之死生亦大矣，平静中死去苏公乃大福

（续表）

	李　白	杜　甫	苏　轼	注　说
死	投水，死时身边无亲人，终年62岁。《临终歌》：大鹏飞兮振八裔，中天催兮力不济，余风激兮万世，游扶桑兮挂左袂。后人得之传此，仲尼亡乎谁为出涕。几十年后迁到青山下。	于疾病。死在从岳阳到潭州的船上。旅殡岳阳。死时妻儿在侧，终年59岁。无临终诗。最后一首诗，或曰《风疾舟中》，或曰《聂耒阳以仆租水书至酒肉疗饥荒江……泊于方田》。40年后孙嗣业请元稹写墓志铭。	孙绕膝，和尚道士在侧，惜弟弟子由未赶到为憾，终年66岁。临终诗《梦中作寄朱行中》：五个关于玉的典故，最后说："至今不贪宝，凛然照尘寰。""吾生不恶，死必不坠"。有悼文悼诗无数。子由为写墓志铭，后三苏合葬（父为衣冠）。	之人也！朱行中以廉洁著称。"士大夫颇以廉洁少（轻视）之"，以为他"不合时宜"，而苏轼却"爱行中至矣"。（朱弁《风月堂诗话》）道大不容，才高为累，皇天后土鉴平生忠义之心，名山大川，还千古英灵之气。识与不识，谁不悲伤，闻所未闻，吾将安放！

李白、杜甫、苏轼比较小结

也许人的命运是天定的。因为人的出生环境、天赋、经历乃至性格，都不是自己能选择的，所以人的命运也不是自己能决定的。当我们对李、杜、苏三人的方方面面进行粗线条的比较时，我们会对其人其诗有一个更切实的了解。

李、杜、苏都是离我们很遥远的古人了，他们的人生都遭受苦难和挫折，但是由于他们的性格、人品、心态不相同，他们的幸福感也完全不同。

李白活得疯疯癫癫,杜甫活得窝窝囊囊,而苏轼则活得轰轰烈烈。

他们三人都有痛苦。李白的痛苦大多来自自我,杜甫的痛苦较多的来自环境,苏轼的痛苦,更多来自现实。

李白要实现自己尽情享受人生的理想,当理想不能实现时,他痛苦,他气愤,他需要发泄;杜甫要摆脱战乱带来的种种苦难,他痛苦,他呻吟,他也要倾诉;苏轼要实现自己的人格追求,他痛苦,他挣扎,也同样需要调节。人总要获得内心的平衡,使痛苦得以缓解和释放,只是所运用的方式不同罢了。由于他们所处的环境不同,所追求的理想各异,他们的人格有高下之分,所以,表现出精彩纷呈的诗人人生。

李白用奔放的激情,发泄内心所受的刺激与创伤,结果像火一样,也把自己烧尽;杜甫用沉郁的诗笔,记下痛苦的遭遇,最后在忧伤中死去;苏轼则用旷达的气度,自解自慰,来对抗现实的苦难,挣脱尘世的桎梏,获得心灵的自由。在人生的困境中,苏轼显示出了博大的文化人格和生存智慧,从而成为历代士大夫注重人格道德修养的典范,垂范古今。

无论是李白、杜甫还是苏轼,都是对我国民族文化有大贡献的人,都对我们民族文化的形成有较大影响,都是中国文化史上不可或缺的一部分。

笔者并无意偏袒哪一位,更没有资格来否定某人,颠覆某人。笔者并非李、杜、苏研究专家,笔者只是希望尽可能地弄清历史人物的真相,哪怕只是一点点。只是希望学者、专家们能从前人所提供的真实资料中,真实地认识某些人。因为直至今天,我们对很多历史人物和现实人物的认识还只是停留在人云亦云的阶段,有的甚至是黑白颠倒,善恶颠倒,是非颠倒。我们是否能尽可能回到那些时代,在当时的条件下来看一看某人某事对当时的社会带来过什么,给后人留下了什么。这对我们今天,无疑是会有价值的。

我不敢说我的每个具体的判断一定是对的,这其中一定有片面的、偏激的、错误的东西。但我相信,我这样做的本身,就有现实的意义。

杜甫名句选粹

1. **文章千古事,得失寸心知**——《偶题》

   (写文章是非常个人化的事,作文的甘苦得失只有自己知道。)

2. **不薄今人爱古人,清词丽句必为邻**——《戏为六绝句》

   (不要厚今薄古,也不要厚古薄今。要善于向古人今人学习,才会有好词好句。)

3. **为人性僻耽佳句,语不惊人死不休**——《江上值水如海势聊短述》

   (即使如此大文豪,要写出好诗好问,也不容易,何况我辈。)

4. **读书破万卷,下笔如有神**——《奉赠韦左丞丈二十二韵》

   (说到底写文章没有什么诀窍,唯多读书而已。)

5. **物情无巨细,自适固其常**——《夏夜叹》

   (事无大小,只要"合适"便是好的。)

6. **人生七十古来稀**——《曲江》

   (人生苦短,但活得再长也是短的,人总有一死,何不洒脱一点呢?)

7. **人生交契无老少,论交何必先同调**——《徒步归行》

   (既然人与人是不同的,何必要求同呢? 能和而不同,不是很好吗?)

8. **露从今夜白,月是故乡明**——《月夜忆舍弟》

   (故乡的月亮都是最明亮的。)

9. **冠盖满京华,斯人独憔悴**——《梦李白》

   (京城里有多少人弹冠相庆,可是这个人——李白却被冷落而潦倒。)

10. **白日放歌须纵酒,青春作伴好还乡**——《闻官军收河南河北》

（当得到收复失地的消息时，杜甫是何等欣喜若狂！他立刻想象将要饮酒欢庆，并随着大好春光回到家乡。）

11. 穷年忧黎元，叹息肠内热——《自京赴奉先咏怀五百字》

（黎元，就是黎民百姓，杜甫的内心确有推己及人的情怀。所谓爱国忧民。）

12. 朱门酒肉臭，路有冻死骨——《自京赴奉先咏怀五百字》

（这是人人会背的诗句，强烈的对比，深深地打动读者；但是，感动是一回事，是不是把这种感动转化为对弱势群体的关怀，那就是另一回事了。如果，用打倒"朱门"的办法去对待，结果又会建起新的"朱门"，又会有新的人冻死。）

13. 烽火连三月，家书抵万金——《春望》

（今天的人是体会不到收到家书的激情的。不过一旦发生战争，情况就不同了。）

14. 新松恨不高千尺，恶竹应须斩万竿——《将赴成都草堂途中有作先寄严郑公》

（一般文人是爱竹如友的，比如苏东坡，宁可食无肉，也不能居无竹。杜甫例外，也许，繁殖极快的竹子，让杜甫讨厌了。杜甫是那样的感情用事！）

15. 无边落木萧萧下，不尽长江滚滚来——《登高》

（一面是落叶纷纷，旧事物无可奈何花落去；一面是新东西，如长江之水滚滚来。）

16. 穿花蛱蝶深深见，点水蜻蜓款款飞——《曲江二首》

（这是一个特写镜头，蝴蝶在花丛中穿行，蜻蜓点水，自由自在地飞舞。写蝴蝶，写蜻蜓，就是在写杜甫自己的心情。）

17. 峥嵘赤云西，日脚下平地——《羌村三首》

（落日的景象写得何等生动传神。）

18. **细雨鱼儿出,微风燕子斜**——《水槛遣心二首》

(杜甫的笔触是十分细腻的,一个"出"字,一个"斜"字。)

19. **会当凌绝顶,一览众山小**——《望岳》

(是写景,是写感受,充满哲理。)

20. **纨绔不饿死,儒冠多误身**——《奉赠韦左丞丈二十二韵》

(这是牢骚,纨绔子弟不会饿死,读书人却误了终生。你杜甫不是曾经也是纨绔子弟吗?)

21. **清新庾开府,俊逸鲍参军**——《春日忆李白》

(杜甫把李白的诗,比作庾信和鲍照,既清新又俊逸。)

22. **生女犹得嫁比邻,生男埋没随百草!**——《兵车行》

(杜甫善于用反常的话来取得很好的表达效果。其实,"比邻"也去打仗了,埋没随百草了,你嫁给谁呢?)

23. **挽弓当挽强,用剑当用长。射人先射马,擒贼先擒王**——《前出塞九首》

(杜甫虽然没打过仗,擒贼先擒王的道理还是知道的。)

24. **苟能制侵凌,岂在多杀伤?**——《前出塞九首》

(这才是杜甫,打仗是为了消灭战祸,而不是为了杀人。)

25. **感时花溅泪,恨别鸟惊心**——《春望》

(人在悲伤时,什么都会染上悲伤的色彩。这就是所谓移情。)

26. **正是江南好风景,落花时节又逢君**——《江南逢李龟年》

(春光依旧,遇到故人,但世事已变,人已老去,乐中有悲,以乐衬悲。)

27. **昔闻洞庭湖,今上岳阳楼。吴楚东南坼,乾坤日夜浮**——《登岳阳楼》

(吴楚在这里分界,乾坤在湖上浮动,何等大气磅礴!)

诗圣是怎样炼成的

28. **万里悲秋常作客,百年多病独登台**——《登高》

(万里是远,百年是长,秋日易悲,客居凄凉,再加多病,孤独一人。这一切集于一身,其境遇何等可怜。)

29. **五更鼓角声悲壮,三峡星河影动摇**——《阁夜》

(五更天悲壮的鼓声如在耳边,三峡上空的星河仰头可见。)

30. **一去紫台连朔漠,独留青冢向黄昏**——《咏怀古迹五首》

(王昭君的悲剧在"一去""独留"中表现得何等形象。)

31. **画图省识春风面,环佩空归月夜魂**——《咏怀古迹五首》

(春风面与月夜魂对仗何其工整。)

32. **丛菊两开他日泪,孤舟一系故园心**——《秋兴八首》

(在异国他乡我已经流了两年的眼泪了,这一扁孤舟始终维系着我思念故乡的苦心。不说自己流泪而说丛菊流泪,妙!)

33. **星垂平野阔,月涌大江流**——《旅夜抒怀》

(面对如此广阔的天地,杜甫却无路可走。)

34. **丹青不知老将至,富贵于我如浮云**——《丹青引赠曹将军霸》

(这便是书画艺术的魅力之所在。)

35. **两个黄鹂鸣翠柳,一行白鹭上青天**——《绝句四首(其三)》

(把它作为两幅图画,要读出作者此刻的心情。)

36. **迟日江山丽,春风花草香**——《绝句二首(其一)》

(杜甫也有这样充满柔情、阳光灿烂的诗句。)

37. **尔曹身与名俱灭,不废江河万古流**——《戏为六绝句》

(你们的身体与名声早已无影无踪了,你们的骂声无损于伟大人物如长江黄河那样万古奔流。对那些自以为是的人,这是一个规劝。)

38. **留连戏蝶时时舞,自在娇莺恰恰啼**——《江畔独步寻花七绝句(其六)》

(蝴蝶因留恋花朵儿不断地翩翩起舞,黄莺因为自由自在而不断地歌唱。这个时期是杜甫心情最好的时期。没有好心情,怎么会有这样细腻的观察。)

39. **此曲只应天上有,人间能得几回闻**——《赠花卿》

(这是对花卿的婉转的批评。也可以理解为是歌声琴曲之美。)

40. **安得广厦千万间,大庇天下寒士俱欢颜,风雨不动安如山**——《茅屋为秋风所破歌》

(推己及人。己欲达而达人,己欲立而立人。这是儒家思想教育的结果。虽然离行动还有距离。)

41. **好雨知时节,当春乃发生**——《春夜喜雨》

(什么是好雨,好雨就是正当需要时,它就降临了。)

42. **随风潜入夜,润物细无声**——《春夜喜雨》

(这是教育的名言,任何教育工作者,都应该以此为教育的原则。)

43. **自去自来梁上燕,相亲相近水中鸥**——《江村》

(多么自由自在,这是杜甫的向往,也是我们每个人的向往。)

44. **映阶碧草自春色,隔叶黄鹂空好音**——《蜀相》

(一个自字,一个空字,表达出景色虽美,鸟啼虽好,而我却无心欣赏。)

45. **出师未捷身先死,长使英雄泪满巾**——《蜀相》

(为诸葛孔明而悲,也为自己的命运而悲。)

46. **露从今夜白,月是故乡明**——《月夜忆舍弟》

（生我养我的家乡,连月亮都比他乡美。）

47. **文章憎命达,魑魅喜人过**——《天末怀李白》

（前一句是创作规律,后一句是社会交往中经常发生的事。）

48. **浮云终日行,游子久不至**——《梦李白二首》

（李白就像浮云随心飘荡,不知何时回家?）

49. **但见新人笑,那闻旧人哭**——《佳人》

（何等通俗,却说出了一种真实,世上就是有这样的薄情汉。
然而又何止是夫妻间呢?）

50. **一片花飞减却春,风飘万点正愁人**——《曲江二首》

（春天的离去,用减法计算,实在是作者的奇思妙想。）

51. **在山泉水清,出山泉水浊**——《佳人》

（环境与人的关系,大致如此。）

52. **笔落惊风雨,诗成泣鬼神**——《寄李十二白二十韵》

（这是在赞美李白的诗,也是杜甫的自我写照。）

53. **别裁伪体亲风雅,转益多师是汝师**——《戏为六绝句》

（多师,这是杜甫的忠告。）

54. **所向无空阔,真堪托死生。**

   骁腾有如此,万里可横行——《房兵曹胡马》

（好马是如此,人亦然。）

55. **竦身思狡兔,侧目似愁胡**——《画鹰》

（一个思字,一个愁胡,把鹰完全拟人化了。）

56. **绦镟光堪摘,轩楹势可呼**——《画鹰》

（把静态的图画写活了,只要主人一声呼喊那鹰就会飞
下来。）

57. **何当击凡鸟,毛血洒平芜**——《画鹰》

（鹰的理想,也许就是这样。）

58. **痛饮狂歌空度日,飞扬跋扈为谁雄?**——《赠李白》

（这是对李白的批评,还是包括自己在内的调侃,众说纷纭,不过无论哪一种,都说明杜甫是有自律的。他对痛饮狂歌、飞扬跋扈时感到不满或内疚的。）

59. **锦城丝管日纷纷,半入江风半入云**——《赠花卿》

（描写音乐,把只能听不可见的音乐,说成可见可视,确实高妙。）

60. **桃花一簇开无主,可爱深红爱浅红**——《江畔独步寻花七绝句》

（有深有浅,多么可爱!）

61. **繁枝容易纷纷落,嫩叶商量细细开**——《江畔独步寻花七绝句》

（商量一词用得妙! 真可谓寄情于物了。）

62. **江边老病虽无力,强拟晴天理钓丝**——《中丞严公雨中垂寄见忆绝奉答二绝》

（这是生命的挣扎。为了活着必须自我安慰,自我调节。对老人来说,散步垂钓是最好的调解。）

63. **庾信文章老更成,凌云健笔意纵横**——《戏为六绝句》

（肯定庾信的成就,犹一枝凌云健笔,可以任意挥洒,其实在讲自己。）

64. **杨王卢骆当时体,轻薄为文哂未休**——《戏为六绝句》

（杜甫是谦虚的,对前辈的成就予以充分的肯定。对随意批评前人的风气,给以尖锐的讽刺。）

65. **不薄今人爱古人,清词丽句必为邻**——《戏为六绝句》

（无论今人古人,都要尊重,这才是正确的态度。）

66. **窃攀屈宋宜方驾,恐与齐梁作后尘**——《戏为六绝句》

（模仿前人，学习前辈也非容易之事，弄不好就会步人后尘，误入歧途。）

67. **野旷天清无战事，四万义士同日死。群胡归来血洗箭，仍唱胡歌饮都市**——《悲陈陶》

（战争之惨，失败之惨，群胡之凶残，令人战栗。）

68. **江碧鸟逾白，山青花欲燃**——《绝句二首》

（对比的手法运用得多么精妙。）

69. **君不见青海头，古来白骨无人收**——《兵车行》

（累累枯骨，战争给人带来的苦难，实在说不尽。）

70. **新鬼烦冤旧鬼哭，天阴雨湿声啾啾**——《兵车行》

（一派阴森森的景象。）

71. **入门闻号啕，幼子饿已卒**——《自京赴奉先县咏怀五百字》

（悲惨情景如在眼前。）

72. **所愧为人父，无食致夭折**——《自京赴奉先县咏怀五百字》

（为人父，而不能让孩子吃饱穿暖，甚至夭折，其内心的苦痛，可想而知。）

73. **生常免租税，名不隶征伐。抚迹犹酸辛，平人固骚屑**——《自京赴奉先县咏怀五百字》

（推己及人，将心比心。我不必交租税，尚且如此，那么普通老百姓将如何？）

74. **腰下宝玦青珊瑚，可怜王孙泣路隅。问之不肯道姓名，但道困苦乞为奴。已经百日窜荆棘，身上无有完肌肤**——《哀王孙》

（一旦暴动，成打皇冠落地，王子皇孙，不如草芥。求生不得，欲死不愿。）

75. **花径不曾缘客扫，蓬门今始为君开**——《客至》

（从来不曾迎接过他人,今天我的大门为你敞开。可见,对他的情感之深。）

76. 遥怜小儿女,未解忆长安——《月夜》

（与李白不同,杜甫的家庭观念是很重的。写小儿女不知道想念在长安的爸爸,其实在写爸爸在思念还不懂事的女儿。）

77. 香雾云鬟湿,清辉玉臂寒——《月夜》

（从对面落笔,在想象中,妻子在月下思念他,云鬟沾露,玉臂侵寒。写出对妻子的关切。）

78. 两京三十口,虽在命如丝——《得舍弟消息二首》

（杜甫常常思念弟弟。想到他们三十几口人,怎么过活?"命如丝"一遇风吹草动就会断。）

79. 麻鞋见天子,衣袖露两肘——《述怀》

（就因为这样狼狈地去,才打动了天子,被任命为"左拾遗"。）

80. 妻孥怪我在,惊定还拭泪。世乱遭飘荡,生还偶然遂——《羌村三首》

（以为您在战乱中死了,想不到你还活着。大概战乱中的人都会有这种感受。）

81. 邻人满墙头,感叹亦歔欷。夜阑更秉烛,相对如梦寐——《羌村三首》

（从邻人的叹息,可见战争的惨烈。晚上灯下对坐,还不相信这是真的!）

82. 苦辞酒味薄,黍地无人耕。兵革既未息,儿童尽东征——《羌村三首》

（连儿童都去打仗了,这田还有谁来种呢! 百姓之苦,不言而喻。）

83. **请为父老歌，艰难愧深情。歌罢仰天叹，四座泪纵横**——《羌村三首》

（孩子们都上了前线，老人们可怎么办呢？）

84. **痴女饥咬我，啼畏虎狼闻。怀中掩其口，反侧声愈嗔。小儿强解事，故索苦李餐**——《彭衙行》

（穷人的孩子早懂事，非但不吵闹，反而帮着大人去哄更小的妹妹。读之令人心酸。）

85. **细推物理须行乐，何用浮名伴此身？** ——《曲江二首》

（细细思考人生的道理，才知道就在于及时行乐，何必要那浮名来伴随我这一生。这是牢骚话，但却说出了杜甫当时真实的心情。）

86. **人生不相见，动如参与商**——《赠卫八处士》

（一旦分离，人生有时就像两颗星星那样，永远不能相见。）

87. **今夕是何夕，共此灯烛光？** ——《赠卫八处士》

（能再见真如在梦中！简直不敢相信！）

88. **少壮能几时？鬓发各已苍**——《赠卫八处士》

（人生苦短，只有到了两鬓苍苍时才能真正体验到。）

89. **昔别君未婚，男女忽成行**——《赠卫八处士》

（分别时自己都还是孩子，不料，一眨眼，儿女已成行了！）

90. **明日隔山岳，世事两茫茫！** ——《赠卫八处士》

（相逢如梦，分离却又在眼前，你我各奔前程，山水相隔，何时再能相见？）

91. **即今千种恨，惟共水东流**——《忆弟二首》

（类同：问君能有几多愁？恰似一江春水向东流。）

92. **安得壮士挽天河，净洗甲兵长不用！** ——《洗兵马》

（反战的宣言。）

93. 况乃王师顺,抚养甚分明。送行勿泣血,仆射如父兄——《新安吏》

（国与家有时是不能兼顾的。）

94. 人生无家别,何以为蒸黎? ——《无家别》

（这是声撕力竭的控诉,没有了家的百姓还算什么百姓。）

95. 千秋万岁名,寂寞身后事——《梦李白二首》

（多少人身后虽寂寞,但要千秋万代的名声。

96. 老妻画纸为棋局,稚子敲针作钓钩——《江村》

（虽穷,照样可以生活得有滋有味。可惜杜甫这样的时候太少了。这样的心境也太少了。）

97. 我有一匹好东绢,重之不减锦绣段。已令拂拭光凌乱,请公放笔为直干——《戏韦偃为双松图歌》

（题画诗,就是要把自己的感受写进去。）

98. 舍南舍北皆春水,但见群鸥日日来——《客至》

（没有更好的词语来形容江上春色之美。）

99. 宽心应是酒,遣兴莫过诗——《可惜》

（这是喝酒的妙处,也是吟诗的妙处。）

100. 我有新诗何处吟,草堂自此无颜色——《楠树为风雨所拔叹》

（为树之倒感到难过,不直接写,而是说无处吟诗,而是说草堂的景色被破坏。真乃高手。学写诗歌者,当效仿之。）

101. 锦城丝管日纷纷,半入江风半入云——《赠花卿》

（诗美在朦胧,此句可有不同解释,一是吹捧,一是讽刺,一是劝谏,一是兼而有之。此之为诗之妙。）

102. 世人皆欲杀,吾意独怜才——《不见》

（又是否定，又是认可，否定他的行为，肯定他的诗歌水平。怎样解释都可以，此杜公所以超出众人也。）

103. **敏捷诗千首，飘零酒一杯**——《不见》

（敏捷对飘零，平平对仄仄；诗千首对酒一杯，平平仄对仄仄平。不但意思佳，而且音律美，实在是千古绝对！）

104. **匡山读书处，头白好归来**——《不见》

（杜甫对李白的了解，对他劝说的诚恳，由此诗可见。）

后　记

　　有很多朋友说我看问题容易偏激，虽然我当时不承认，但事后往往发觉他们确实有道理。但是我仍然不能改。因为我不能因为怕偏激，而故意否定我自己现在的看法。我宁可事后纠正，也要说出我此时此刻真实的想法。我相信直觉，不愿说假话。其实，我常常自认为是中庸的。当然，我还是要感谢友人的批评。它让我经常反思自己，警惕偏激的产生。

　　我对杜甫也是如此。书中对杜甫的看法，首先是我读了较多的杜甫诗歌后的直觉。我发现了过去对杜甫认识上的矛盾，我喜欢穷根究底。杜甫的诗歌中所表现出来的对穷苦百姓的关爱是很少有人与之相匹的。但是我想，为什么要弃官，为什么他朋友不多，有时有了朋友不久又吵开；他的诗歌是这样的动人，为什么在当时却并不被人看好，像王维、李白、苏轼那样。也许，解决了这些问题，才能真正走近了杜甫。

　　我必须从他自己的诗文中找答案。

　　对历史人物我们要尽可能让他在心里活起来，那就必须真正走近他，理解他的所作所为，了解他诗文的真实背景，以及在这真实背景和所作所为中反映出来的他的真实的心态和思想，而尽可能不被前人的定论所捆绑。

　　由于众所周知的种种原因，对他们的评价往往是不符合事实的，或拔高，或贬低，或歪曲，或诬陷，至于黑白混淆，善恶颠倒，更是屡见不鲜的事。

　　我有一个愿望，希望对我所了解的，较熟悉的，并且认为被曲解的历史人物——发表自己的意见，尽可能还原他们的真实面貌。当然，我知道，我的学力很浅，但半个多世纪的阅世，会给我很大的帮助。也许我的结论不过是一些并不严密的直觉而已，但我相信自己的直觉，直觉有时比严密的推理更接近事实。如果大家都能在占有相当资料的基础上真实地说出自己的直觉，那么，有许多问题就不至于会那么混淆和颠倒了。其实很多看来有争议的问题，只要按照常识，不抱成见，不受政治的干扰，是不难得出较为准确的结论的。

　　我关于李白的观点，有很多人表示不同意，包括我的几个好朋友，我关于杜甫的观点，也有朋友不赞同，他们都给了我很大的帮助和支持。在此谨表谢意。

　　商友敬兄大病未愈，尚在化疗中，还为我写了序言，我内心的感激，是无法用言语表达的。他是曾经沧海的人，几十年的磨难，没有磨去他对人对事的一片赤子之情，他是我的朋友，又是我的师长，每当遇到不解的问题，常常能从他那儿找到解决的途径。我衷心祝愿他早日康复，以他顽强的生命力和乐观超脱的精神，也一定能康复的。

黄玉峰于兰花教师公寓

2012 年 6 月

图书在版编目（CIP）数据

诗圣是怎样炼成的：黄玉峰说杜甫/黄玉峰著. —上海：复旦大学出版社，2012. 8（2024. 11
重印）
（中学生必读的五位中国大诗人）
ISBN 978-7-309-09148-9

Ⅰ. 诗… Ⅱ. 黄… Ⅲ. ①杜甫（712~770）-人物研究-青年读物
②杜甫（712~770）-人物研究-少年读物 Ⅳ. K825. 6-49

中国版本图书馆 CIP 数据核字（2012）第 182681 号

诗圣是怎样炼成的：黄玉峰说杜甫
黄玉峰 著
责任编辑/李又顺 关春巧

复旦大学出版社有限公司出版发行
上海市国权路 579 号 邮编：200433
网址：fupnet@ fudanpress. com http：//www. fudanpress. com
门市零售：86-21-65102580 团体订购：86-21-65104505
出版部电话：86-21-65642845
常熟市华顺印刷有限公司

开本 890 毫米×1240 毫米 1/32 印张 6. 625 字数 141 千字
2024 年 11 月第 1 版第 2 次印刷
印数 5 101—6 200

ISBN 978-7-309-09148-9/K · 374
定价：38. 00 元